経営学史学会編 〔第二十一輯〕

経営学の再生
――経営学に何ができるか――

文眞堂

巻頭の言

経営学史学会第 7 期理事長　小笠原　英　司

　経営学史学会21年目のスタートを飾る第21回全国大会が2013年 5 月17日～19日を会期として近畿大学で開催され，成功裏のうちに恙なく閉幕することができた。牧浦健二大会実行委員長はじめ近畿大学所属の会員諸兄ならびにご協力を頂いた関係各位，そしてお手伝いを頂いた学生の皆々様に対し，あらためて謹んでお礼を申し上げたい。

　本大会の統一論題は『経営学に何ができるか──経営学の再生──』というものであったが，それは第20回大会のテーマ『経営学の貢献と反省──21世紀を見据えて──』を受けたものであった。この 2 大会の成果に対する評価はさまざまであろうが，両大会に共通する「経営学の意義」という問題意識は，日本経営学会第87回大会（2013年 9 月）の統一論題『経営学の学問性を問う』，特にサブテーマ③「経営学の可能性と存在意義」に重なっており，多くの経営学徒に共有されているものではないかと考えられる。それにしても，経営学が生誕して百年余にもなって，いまなお（又は，あらためて）「経営学の存在意義」が問われているということはどういうことであろうか。一つには，実践学としての経営学の実践性に関する反省の問題であろう。それは経営技術学として経営学はどこまで有効であったか，より有効な経営実践上の知見を供するうえで経営学はこのままでよいのか，ということであろうか。二つには，以上のことを含めて，広くこの学の「役立ち」についての疑問であり深い反省であろう。それは，そもそも経営学は人間と世界に対する知見を得るうえで必然かつ不可欠の学術であるか，という根源的問いを意味する。そして三つには，経営学の学的アイデンティティに関わる問題であろう。経営学が「社会科学」の一員であるというとき，それは経済学の一分科であることを自認するか，またはあくまでも独立科学であることを主張するか，という問題である。明らかなように，これらの「反省」は，すでにわが

国の経営学史の初期において提起された問題であった。実に経営学は，その成長の歩みを開始したときから内包するジレンマを抱え続けて今日に至っているのである。これを「成長がない」と見ることもできようが，2千年の哲学史から見れば，経営学百年はなお「成長途上」と言うべきかも知れない。

本年報第21輯は，上記統一論題のもとに設定された二つのサブテーマ（①経営の発展と経営学，②経済学を超える経営学）の統一論題報告のうち，藤井一弘会員による基調報告のほか当日の議論を踏まえてあらためて執筆された論文5本のほか，2段階の査読を経たうえで掲載許可された自由論題論文5本，計11本の学術論文と資料編から構成されている。

小職が巻頭言を担当する年報はこれで最後となるが，創刊以来年報の編集に携わっていつも思うことは，文眞堂の皆様のご厚意とご協力には感謝の言葉もないということである。学会年報のような市場性のないものを引き受けるということは，故前野眞太郎前社長が学問の発展に寄与する出版事業を同社の経営理念とし，前野 弘社長，前野 隆専務をはじめ同社の皆様がそれを受け継いでいる意志の表れと理解することができる。経営学史学会理事長として，本年報の巻頭を借りて万丈の敬意と謝意を表したい。

目　次

巻頭の言……………………………………………………小笠原　英　司… i

第Ⅰ部　趣旨説明………………………………………………………………… 1

　　経営学の再生………………………………………第7期運営委員会… 3
　　　　――経営学に何ができるか――

第Ⅱ部　経営学の再生――経営学に何ができるか――………………… 5

　1　経営学に何ができるか…………………………藤　井　一　弘… 7
　　　　――経営学の再生――
　　　Ⅰ．近年の経営学史学会大会を振り返りつつ……………………… 7
　　　Ⅱ．第21回大会にあたって………………………………………… 10

　2　経営維持から企業発展へ………………………山　縣　正　幸… 16
　　　　――ドイツ経営経済学におけるステイクホルダー思考と
　　　　　　Wertschöpfung――
　　　Ⅰ．序………………………………………………………………… 16
　　　Ⅱ．経営共同体思考と価値循環…………………………………… 17
　　　　　――ニックリッシュの企業／経営観――
　　　Ⅲ．外部価値循環をめぐる利害の多元性………………………… 20
　　　　　――R.-B. シュミットの企業用具説――
　　　Ⅳ．企業発展と Unternehmungsführung………………………… 24
　　　　　――ブライヒャーの「規範的マネジメント」の理論枠組――
　　　Ⅴ．価値創造志向的経営経済学の展開――最近の動向から――…… 27

Ⅵ．結──経営維持から企業発展へ，そしてあらためて Betrieb へ──… 28

3　「協働の学としての経営学」再考………………藤　沼　　　司… 33
　　　──「経営の発展」の意味を問う──

　　Ⅰ．はじめに………………………………………………………………… 33
　　Ⅱ．バーナードの「協働」文明論……………………………………… 34
　　Ⅲ．概念枠組として「協働システム」概念…………………………… 37
　　　──四重経済との関連で──
　　Ⅳ．現代経営学および現代経営の陥穽………………………………… 41
　　　──3つのジレンマとの関連で──
　　Ⅴ．むすびにかえて……………………………………………………… 46

4　経済学を超える経営学…………………………高　橋　公　夫… 49
　　　──経営学構想力の可能性──

　　Ⅰ．はじめに………………………………………………………………… 49
　　Ⅱ．「経済学を超える経営学」の系譜…………………………………… 50
　　Ⅲ．経営学の経済学化──新自由主義の台頭──…………………… 51
　　Ⅳ．「組織の経済学」を超えて…………………………………………… 55
　　Ⅴ．経営学構想力の可能性と危険……………………………………… 60

5　経営学における新制度派経済学の展開と
　　　その方法論的含意………………………………丹　沢　安　治… 65

　　Ⅰ．はじめに………………………………………………………………… 65
　　Ⅱ．学説史研究の手法──方法論的分析──………………………… 65
　　Ⅲ．分析………………………………………………………………………… 68
　　Ⅳ．含意──状況仮定と認知仮定の変更による新理論の
　　　　提案としての学史展開──……………………………………… 75
　　Ⅴ．結語………………………………………………………………………… 76

6　経営学と経済学における人間観・企業観・社会観 …………………… 三戸　浩… 79

 Ⅰ．はじめに………………………………………………………………… 79
 Ⅱ．議論の概要……………………………………………………………… 80
 Ⅲ．経営学の成立…………………………………………………………… 83
 Ⅳ．経済学と経営学のパラダイム………………………………………… 84
 Ⅴ．経済学は現代社会の課題に答えられるか，
  経営学はどうか？　〜むすびにかえて〜…………………………… 85

第Ⅲ部　論　攷 ……………………………………………………………… 89

7　組織均衡論をめぐる論争の再考 ……… 林　　　徹… 91
 ──希求水準への一考察──

 Ⅰ．序…………………………………………………………………………… 91
 Ⅱ．組織均衡論をめぐる論争……………………………………………… 91
 Ⅲ．マーチ＝サイモンによる組織均衡論………………………………… 92
 Ⅳ．相対所得仮説と価値…………………………………………………… 97
 Ⅴ．結語──組織動態の一般理論に向けて── ……………………… 98

8　高信頼性組織研究の展開 …………………… 藤川　なつこ… 101
 ──ノーマル・アクシデント理論と高信頼性理論の対立と協調──

 Ⅰ．はじめに………………………………………………………………… 101
 Ⅱ．高信頼性組織研究とは………………………………………………… 101
 Ⅲ．高信頼性組織研究の生成と発展の歴史……………………………… 105
 Ⅳ．結語……………………………………………………………………… 111

9　人的資源管理と戦略概念 ………………… 森谷　周一… 116

 Ⅰ．はじめに………………………………………………………………… 116
 Ⅱ．戦略的人的資源管理の概念規定……………………………………… 116

Ⅲ．人事戦略のアプローチ類型 ……………………………… 119
　　　Ⅳ．高業績人材マネジメントシステムの問題点と修正要因 …… 121
　　　Ⅴ．おわりに ……………………………………………………… 124

10　組織能力における HRM の役割 ……… 庭　本　佳　子 … 127
　　　　　——「調整」と「協働水準」に注目して——
　　　Ⅰ．はじめに——問題提起—— ………………………………… 127
　　　Ⅱ．組織能力論の形成——RBV 論からの展開を中心として—— … 129
　　　Ⅲ．組織能力概念の再定位 ……………………………………… 132
　　　Ⅳ．組織過程における HRM の主体性 ………………………… 135
　　　Ⅴ．おわりに——今後の課題—— ……………………………… 136

11　組織行動論におけるミクロ-マクロ
　　問題の再検討 ………………………………… 貴　島　耕　平 … 139
　　　　　——社会技術システム論の学際的アプローチを手がかりに——
　　　Ⅰ．初言 …………………………………………………………… 139
　　　Ⅱ．ミクロ組織論としての組織行動論 ………………………… 139
　　　Ⅲ．理論的基盤としての STS 再訪 …………………………… 143
　　　Ⅳ．結語 …………………………………………………………… 148

第Ⅳ部　文　献 …………………………………………………………… 151
　　1　経営学に何ができるか——経営学の再生—— ………………… 153
　　2　経営維持から企業発展へ ………………………………………… 154
　　　　　——ドイツ経営経済学におけるステイクホルダー思考と Wertschöpfung——
　　3　「協働の学としての経営学」再考 ……………………………… 155
　　　　　——「経営の発展」の意味を問う——
　　4　経済学を超える経営学——経営学構想力の可能性—— ……… 157
　　5　経営学における新制度派経済学の展開とその方法論的含意 … 158
　　6　経営学と経済学における人間観・企業観・社会観 …………… 160

第Ⅴ部 資料 …………………………………………………………… 163

経営学史学会第21回全国大会
　実行委員長挨拶 ……………………………… 牧　浦　健　二… 165
　第21回全国大会を振り返って………………中　村　秋　生… 167

第Ⅰ部
趣旨説明

経営学の再生
―― 経営学に何ができるか ――

第 7 期運営委員会

　2012年，第20回記念の大会を開催した経営学史学会は，過去 3 回の大会における統一論題を通じて，現実の経営と経営学の往還的な関係を，その基盤にまで遡って問おうと試みてきた。

　第18回の統一論題「危機の時代の経営および経営学」は，世界大戦をはじめとする20世紀の幾多の危機にかかわってきた「現実の経営」，そして，その「現実の経営」にさまざまな姿勢で相対した「経営学」，そのような「現実の経営」と「経営学」の関係を検証しようとした。第19回「経営学の思想と方法」では，その「現実の経営」の背後にある思想性，そして現実の経営に対して，さまざまな構えを取りつつ切り結ぶ「経営学」の思想性を問い，現在の課題を乗り越えうる経営学がありうるとすれば，その「方法」はどのようなものであるかを問いかけた。

　第20回「経営学の貢献と反省――21世紀を見据えて――」は，前 2 回の成果を継承しつつ，「20世紀世界」を「キャピタリズム」と「インダストリアリズム」，そして「グローバリズム」に染め上げられたものとしてとらえ，「ビッグ・オーガニゼーションズ」とその「マネジメント」をその世界の主役の一つと位置づけた上で，それらを考察してきた「経営学」の功罪を学術的に省察しようとした。もちろん，その背景には，20世紀の物質文明を実現した「マネジメントの成功」，そしてそれと軌を一にした「経営学の成果」が，文明災と言われもしている現状において「マネジメントの失敗」ひいては「経営学の失敗」として反省されなくてはならないという苦い現状認識がある。

　第21回大会の統一論題「経営学に何ができるか――経営学の再生――」は，このような経緯を踏まえて設定された。ここで，このテーマが決して，楽観的な未来志向に基づいたものではない，ということに改めて注意を喚起して

おきたい。前回大会のテーマにもある「反省」がさらに徹底されてこそ，すなわち経営学の現状が灰燼にも比せられるという認識をもってはじめて，「再生」の息吹も感じられるようになるのではないだろうか。

あまりにも悲観的ないし自虐的ではないかという異見もあって当然ではあるが，近年の「経済危機」に立ち向かう経済社会，ならびに「経営学」における花形のキーワードを想起されたい。日本に限ってみても，人口減少にともなう需要縮小が必然的な国内経済に抗して，新興国の急速な成長を取り込んで輸出や海外直接投資を梃子にして，経済の成長を図る「成長戦略」が声高に語られている。かつての大量生産・資源の大量消費路線とどこに違いがあるのだろうか。再生可能エネルギー産業をはじめとする省エネ・省資源型のイノベーションというキーワードもあるが，省エネ・省資源とは，ランニング・コストだけの話で，内実は相も変わらぬ「規模の経済」を活かしたコスト・ダウンである。あの中国ですら，遠からず人口ボーナスが消滅すると言われている時代にあって，縮小に抗するのでなく，そして成長を当然の前提とするのではない「経営」，それを考察する「経営学」の可能性も考えられてもよいのではないだろうか。

今大会では，このような問題を投げかけつつ，異論も含めて活発な議論が行われることを期待し，以下の2つのサブテーマを設定した。

サブテーマ Ⅰ　経営の発展と経営学：

経営学には，必ずしも大勢を占めてはいないとしても，営利目的に限らない協働一般の「学」を構想してきたという歴史がある。これを踏まえて，「より大なる利潤，規模的拡大を追求する経営」とは異なる「経営の発展」はありうるのか。それに対して，経営学は，どのように寄与しうるだろうか。

サブテーマ Ⅱ　経済学を超える経営学：

現在の主流派経済学は，人間の歴史の中では，ほぼ2世紀にすぎないとも言える貨幣経済の拡大成長を普遍的な現象と捉えたうえに成立している。経営学もこの流れに棹さしてきたという側面があることは否定できない。経営学は，これらの経緯をどのように受けとめ，現在の世界の課題に対して，どのように応えることができるだろうか。

第Ⅱ部

経営学の再生
―― 経営学に何ができるか ――

1 経営学に何ができるか
――経営学の再生――

　　　　　　　　　　　　　　　　　　　　藤　井　一　弘

Ⅰ．近年の経営学史学会大会を振り返りつつ

　第21回大会の統一論題「経営学に何ができるか――経営学の再生――」は，それ以前の3回の大会の統一論題とその場での議論を踏まえて設定されたものである。ちなみに，過去3回の大会では，次のような趣旨のもとに報告と議論が行われた。

　すなわち，第18回「危機の時代の経営および経営学」（経営学史学会編 2011）は，二度の世界大戦，戦間期の大恐慌，戦後の復興，そして大会当時，世界経済を揺るがせていた金融危機など，20世紀の幾多の危機と困難にかかわってきた「現実の経営」，そして，その「現実の経営」にさまざまな姿勢で相対した「経営学」，そのような「現実の経営」と「経営学」の関係を時代背景の中で検証しようとするものであった。このなかで，「経営」は危機の原因の1つとなることもあれば，危機や困難に直面して，その局面を打開する力ともなったことが明らかにされた。そして，「経営学」は，その「経営」の姿勢の基盤となることもあれば，「経営」の行動を理論づけもしてきたのである。

　2010年に行われた18回大会の統一論題は，2008年秋に顕在化した世界金融危機（いわゆるリーマン・ショック，ただし，その危機は実際には，その前年の秋頃からサブプライム・ローンの不良債権化という形で姿を現しつつあった）を1つの契機として設定されたものでもあるが，経営学史学会は，単に時事的なトピックスとして，「危機」と「経営」そして「経営学」の関連を問うにとどまらず，経営学成立以来の歴史の中で，「現実の経営」と「経営学」の関連を問題にしたのである。

第19回「経営学の思想と方法」（経営学史学会編 2012）では，その「現実の経営」の背後にある思想性，そして現実の経営に対して，さまざまな構えを取りつつ切り結ぶ「経営学」の思想性を問い，現在の課題を乗り越えうる経営学がありうるとすれば，その「方法」はどのようなものであるかを問いかけた。

　そこで行われた報告ならびに議論から，筆者が自分なりにくみ取ったものについて，わずかの部分についてだけではあるが，ふれておきたい。19回大会の統一論題は，2010年（暦年）の内に設定されたものであったが，それを巡っての報告と議論には，大会が開催された2011年5月のほぼ2か月前に発生した東北地方太平洋沖地震によって引き起こされた「東日本大震災」の当時の状況を反映したものも，当然のごとく見受けられた。

　福島第一原子力発電所の事故を「経験科学としての経済制度論の限界（経済学的不完全性原理）」から生じたものとして位置づけて，その限界の基底をなす「理論理性」に対して，それを克服するために，「経営学」は「実践理性（計算合理性に敢えて逆らうような自由な意志）」に基づく「経営哲学」によって補完されることを通じて「綜合的な学問」を目指すべきだ，という菊澤の提議を特徴的なものとしてあげることができるだろう（菊澤 2012）。

　これは，一見，もっともな主張である。しかし，「理論理性」と「実践理性」を補完的なものとして同一の地平で考えるということについて，もう一歩踏み込んで考えるならば，また違った様相を呈することになる。すなわち，その二者が補完的でしかないならば，その二者を踏まえて現実に意思決定をすることが迫られた際に，そこでいかなる決定がなされるかは，その二者のせめぎ合いという力関係に結局は帰せられてしまう，と考えられるのである。

　これに対して，庭本（2012）では，経営学が「経営批判の学」として位置づけられ，その実践性の担保がその批判性に求められており，経営行為や判断の基盤として「哲学」が規定されている。

　いわゆる高尚なものであるか，通俗的なものであるかを問わず，「現実の経営」の基盤には，19回大会の統一論題にある「思想」に通じる「哲学」が存在すると言えるだろう。この文脈において福島第一原子力発電所の事故に言及するならば，先にふれた菊澤（2012）で言及されている「理論理性」を万

能のものとした，その基盤にある「哲学」が何ものであったかが問われなければならないはずである。

閑話休題，翌年の第20回記念大会（経営学史学会編 2013）は，2011年3月11日以降の「状況」を，直截に反映したものとなった。すなわち，その統一論題「経営学の貢献と反省——21世紀を見据えて——」では，前2回の成果を継承しつつ，まずは「20世紀世界」を，「キャピタリズム」と「インダストリアリズム」，そして「グローバリズム」に染め上げられたものとしてとらえ，「ビッグ・オーガニゼーションズ」とその「マネジメント」をその世界の主役の1つと位置づけ，そのうえでそれらを考察してきた「経営学」の功罪を学術的に省察しようとしたのである（経営学史学会第7期運営委員会 2013）。

もちろん，その背景には，20世紀の物質文明を実現した「マネジメントの成功」，そしてそれと軌を一にした「経営学の成果」が，文明災と言われもしている現状において「マネジメントの失敗」ひいては「経営学の失敗」として反省されなくてはならないという苦い現状認識があった。

そこで展開された議論から特に第21回大会のテーマに関連すると思われるところを，少しだけ取り上げてみる。

まずは，「自然と相互補完の精神を介した共生」を結論とした宗像報告（2012）である。その報告の中では，そこに至るためのいくつかの具体的なプロセスへの言及がなされているが，ここでは，「原発依存体質脱却のための，冗長性と過剰機能伏在のデジタル技術依存の生活様式の是正」，「地球上の人間間の，異なる価値，文化，地域特性，発展段階などの相互理解と尊重，各生活圏の自然な産業発展軌道と資本・市場の論理との両立を可能とする基本産業戦略策定」とをあげておく。

「ビッグ・オーガニゼーションズ（≒巨大企業）」を中心に考察してきた経営学の中で，企業概念の再定義・再構築を求めた勝部（2013）にも言及しておきたい。そこでは，大企業自体が変わることを含めて，もっと多様性のある企業の在り方，組織の在り方の可能性が指摘されている。これは，21回大会のサブテーマⅠにも大いに関連している。さらに，現状を，経済成長路線の限界ととらえ，効率性や市場競争主義といった経済的価値の優先路線の行き詰まりと把握する岩田（2013）もあった。

3つの大会では，他にも刮目すべき報告と議論があったのだが，紙幅の事情で，割愛せざるをえない。とは言え，このように見てくると，21回大会の統一論題は，このような経緯を踏まえて設定されたことは明らかであろう。近年の経営学史学会が追求してきた傾向には，明らかに量的な経済成長路線のオルタナティヴへの志向が見られるのである。

Ⅱ．第21回大会にあたって

 新たな兆しが見えつつあるとはいえ——このように思うのは，筆者一人ではないと願うが——，ここで，21回大会の統一論題「経営学に何ができるか——経営学の再生——」が決して，楽観的な未来志向に基づいたものではない，ということに改めて注意を喚起しておかねばならない。
 前回（20回）大会のテーマにもある「反省」がさらに徹底されてこそ，すなわち経営学の現状が灰燼にも比せられるという認識なくしては，「再生」の曙光も見えるはずもないからである。あまりにも悲観的ないし自虐的ではないかという異見もあるだろうが，いわゆる「アベノミクス」への巷間の期待には反するようであるが，筆者は現在の日本社会を以下のように別様に見てみたい。
 まず，「経済危機」に立ち向かう経済社会，ならびに「経営学」における直近の花形のキーワードは，どのようなものになっているだろうか。日本に限ってみても，人口減少にともなう需要縮小が必然的な国内経済に抗して，新興国の急速な成長を取り込んで輸出や海外直接投資を梃子にして，経済の成長を図る「成長戦略」が，「大胆な金融緩和」，「機動的な財政出動」と相まって声高に語られている。かつての大量生産・大量消費路線とどこに違いがあるのだろうか。極め付きは，2％のインフレ・ターゲットを目指す「リフレ派」の表舞台への登場であり，名目3％の国内総生産（GDP）成長率という掛け声である。その場合の実質GDP成長率は1％にすぎないのだが，何を以て，ないしはどのようなわけで，このような言説が経済社会の言説の中心に躍り出るようになったのだろうか。今もって，政府による経済展望を示す『年次経済報告（経済白書）』（平成13年からは『年次経済財政報告（経済財政白書）』）

の記述でさえも，問題とされるのは実質ベースの GDP であるというのに……。

　「実質」よりも「名目」が重視されるというのは，「経営」を問題にする「経営学」にとっても，慎重に吟味すべき意味を含んでいるように思われる。もちろん，先に名目 GDP が算出され，実質 GDP は，名目 GDP に GDP デフレータを勘案したものとして算出される。そこには，まず，経済社会の数字は「貨幣ベース」で語られるという大前提がある。しかし，それでも，最終的に云々されるべきは「実質」というたがが，これまではともかくも，はめられていた，ということである。そのたがが外された結果は，「貨幣ベース」の一人歩きであり，企業にとっては，その内実を問わない「貨幣ベースでの企業価値」となって現れることになる。為替が円安傾向になったというだけで，企業マインドが好転し，株高に市場が湧くという現況がそれを如実に表している。いわゆる「経営者」にとって「名目」だけの財務諸表上の数字だけが問題なのか，と言うのは失礼にすぎるだろうか。

　一方で，再生可能エネルギー産業をはじめとする省エネ・省資源型のイノベーションというキーワードもあるが，省エネ・省資源とは，ランニング・コストだけの話で，内実は相も変わらぬ「規模の経済」を活かしたコスト・ダウンである。

　あの中国ですら，遠からず人口ボーナスが消滅すると言われている現況にある。日本においては，すでにそれはより深刻なものとして現れている。人口全体に占める生産年齢人口の比率の減少，ないしは高齢者人口の増加として，そのデータは見聞きしない日がないと言っていいほどではあるが，注目点を若干ずらすと，また別の姿が見えてもくる。というのは，人口全体に占める 0～64 歳人口の比率と高齢者人口のその比率である。前者は，これから生産年齢となり消費を増やしていく世代と，現に生産し消費している世代を表しており，総需要は生産年齢人口よりもむしろ人口のこの部分によって決まってくると思われる（藻谷 2010 など）。

　国立社会保障・人口問題研究所『日本の将来推計人口』（平成24年1月推計）［出生中位（死亡中位）］推計値によると，高度成長時代の頂点にあった1970年においては，0～64歳人口が93％を占めていたのに対して，65歳以上人口は7％。戦後日本の高度経済成長は，このような人口構成がもたらした旺盛

な消費需要によるものと言ってよいだろう。これが、ほぼ20年後の2035年には、前者は67%、後者は33%となるだろうと推計されている。このような数字を前にして、縮小に抗して、成長を当然の前提とする経済社会、その中での「経営」、それを考察する「経営学」のままで、今後も続けていくというのは、果たして現実的なのだろうか。

このような問題を投げかけるのが、21回大会の統一論題であるが、統一論題のもとに設定された2つのサブテーマをめぐって、いくらか付言しておきたい。

まず、「サブテーマ Ⅰ 経営の発展と経営学」は、必ずしも大勢を占めてはいないとしても、営利目的に限らない協働一般の「学」を構想してきたという経営学の歴史を踏まえて設定された。

ここでは、「より大なる利潤、規模的拡大を追求する経営」とは異なる「経営の発展」はありうるのか、が問われるとともに、この「経営の発展」への経営学の寄与の可能性が探られることになる。企業すべてが、成長を前提としない「経営」を行いうると言い切るのは、現時点では現実的ではないだろう。しかしながら、「貨幣ベース」の利潤を前提としない、さまざまな中間的組織が実際に多く見られるようになってきているのも否定できない。このような経営形態の今後の発展を期して、多様な協働からなる社会を実現し、貨幣ベースの企業の変化を促すという方向もまた、ありうると思われるのである。

続く「サブテーマ Ⅱ 経済学を超える経営学」は、いかにも野心的に響くテーマではあるが、それは、前にふれた「貨幣ベース」万能の風潮に疑問を投げかけるものでもあるだろう。

現在の主流派経済学は、人間の歴史の中では、ほぼ2世紀にすぎないとも言える貨幣経済の拡大成長を普遍的な現象ととらえたうえに成立している、と言っても、それほど異論はないだろう。「資本主義（capitalism）」の成立を15～16世紀に求める考え方もある（アリギ 2011；ブローデル 1986・1988；水野・大澤 2013など）が、ともかくも主流派経済学は、この資本主義を前提としている。市場経済中心主義、市場主義も現在の主流派経済学の大前提となっているのは間違いないが、資本主義というのは、市場経済とはまた異質の問題系でもある。「資本主義」に比べれば、「市場経済」は、むしろ即物的

なメカニズムに見えるほどである。

　若干，横道にそれるようではあるが，資本主義の「主義（ism）」とは何だろうか。それは，「最も価値あるものと考える」ということなのではないだろうか。とすると，資本主義とは，資本を増やすことこそ何にも勝る価値と考える，ということになるだろう。

　物質的かつ量的なもの以外の人間にとっての豊かさ・価値を押しつぶして，資本（これも貨幣ベースで計られる）を増やすことに邁進している現在の経済社会，ひいては企業活動もこの ism のもとでこそ成り立っているのである。経営学もこの流れに棹さしてきたという側面があることは否定できない。経営学は，これらの経緯をどのように受けとめ，現在の世界の課題に対して，どのように応えることができるだろうか[1]。

　以上，とりとめもない考えを綴ってきたようではあるが，ともかくも私たちは，過去を忘れてはならない，ということをこの稿を結ぶにあたって述べておきたい。

　全原発停止状態で一夏を，それ以後，わずかな原発が限られた期間，再稼働しはしたものの，ほとんど原発なしで二夏と二冬（冬季の電力不足が懸念された北海道では，実質的には全原発が停止していた）を乗り切り，「節電」という生活様式が定着しようとしていると思われるにもかかわらず，原発再稼働こそが現実的な将来像という風潮すら生まれてきている昨今である。3年足らず前に，どのような声が満ちていたかを顧みるとき，先に述べたような風潮が広まっていることに，むしろ驚きを禁じ得ない。

　確かに原材料コストの高騰にあえぐ中小企業の苦境は現実問題としてあるだろう。この問題の解決に「成長を前提としない社会」の構想など，迂遠にすぎるという声も認めなければならない。しかし，だから……ともまた言えないはずである。「経営学」を「可能性の芸術」とすることが[2]，今，求められていると思われる。

　＊本稿は，第21回大会の「基調報告」に基づいたものである。というよりも，報告の姿をほぼそのまま伝えている。大会で行われた報告とそれらを巡っての議論を踏まえて，「基調報告」を発展させた新たな論考を用意するという

考え方もあろうが、ここでは、「基調報告」を用意したとき、筆者の脳裏に浮かんだことに忠実であることを選ばせていただいた。いささか品格に欠ける表現ではあるが、「後出しジャンケン」は本意ではない、ということもある。その代わりというわけではないが、いささか異例の長い注記を加えておいたので、参照いただければ、幸いである。

注
1) 大会基調報告を行った際に、「経済学を超える経営学」というサブ・テーマにある「経済学」として筆者がイメージしていたのは、本稿本文にもある「主流派経済学」というものだった。「主流派経済学」が、いかなる経済学を指すのかについては議論もあるだろうが、ここでは、M. フリードマン流の「新自由主義」をイメージしている。それもまた、いろいろな角度から論じることができるだろうが、中山 (2013) において示されているような「新自由主義」像を前提としている。

　手短にしかふれられないが、「経済的自由主義」的思考を中山は、次のように論じている（中山 2013、14-15頁）。すなわち、市場取引を何らかの力の介入なしでもスムーズに行われるものと考える。また、たとえ取引を行う双方の側が、政治的・軍事的に対立し問題を抱えていたとしても、市場取引はそれらとは独立して可能であるということも想定している。したがって、それを明らかにする経済学もまた、政治や軍事という要因から独立しており、かつ独立できると考えられ、市場で取引する人々の価値の違いや利害関心はすべて価格の調整過程に反映され、価格は自然法則のように科学的に解明できるとされている。

　このような「経済的自由主義」的思考を基盤にしているフリードマンの経済学は「みずからの統治の視点を示さない。国家の統治に代わって物事を進めるのは、市場の調整力のみという立場に立つ」（同上書、18頁）。

　これも異論はあろうが、「経営学」はもともと、上述のような抽象的な思考方法を採用しえない分野であったはずである。その意味では、「経済学を超える経営学」と言挙げする必要もなかったのかもしれない——経営学ははじめから経済学を超えていた（？）——。

　軍事という要因はさておき、政治や文化、そして諸々の主観的要因を考慮しない「経営学」はありえなかったはずなのであるが、「これが揺れている」という状況が、このようなテーマを求めた所以であると筆者は考えた。

　ところが、「サブ・テーマⅡ 経済学を超える経営学」のもとで、大会当日に行われた統一論題報告の多くで論及されていた「経済学」は「内部組織の経済学」であった。その場にいて、「これは、いったい、どうしたことか」という気分になったのは筆者一人であろうか。いささか、品のない言葉であるが、経済学を超える「経営学」にとっての「本丸」は、「新自由主義経済学」であるはずではなかったのか。

　ただし、年報に収録される論文では、大会当日の議論を反映した新たな展開がなされているかもしれない。したがって、場合によっては、ここでの筆者の見解についてお詫びして訂正しなければならないこともありうることを、このいささか冗長な注記を結ぶにあたって述べておきたい。

2) 「可能性の芸術」というのは、しばしば「政治」に関して聞く言葉である。もともとは、ビスマルクの発言であるそうであるが、それが発せられたときの意図はともかくとして、ここで筆者が想定しているのは、「協働」の関係間にあるさまざまな価値観の対立を乗り越えて、協働を維持・存続させる「経営者の役割」を論じた、Barnard, C. I. (1968 (1938)) の第17章にある「管理責任の性質」である。また、筆者自身、地球環境問題を念頭において、物的な成長を前提とせずに、組織（企業）の維持・存続を図る方途を、バーナードの「協働システムの4つの経済（四重

経済)」論に基づいて，試論的ではあるが，論じたことがある（藤井 2011）。

参考文献

Barnard, C. I. (1968 (1938)), *The Functions of the Executive,* Harvard University Press.（山本安次郎・田杉 競・飯野春樹訳『新訳 経営者の役割』ダイヤモンド社，1968年。）
ジョヴァンニ・アリギ著／中山智香子監訳 (2011)，『北京のアダム・スミス—21世紀の諸系譜—』作品社. (Arrighi, G., *Adam Smith in Beijing : Lineages of Twenty-First Century,* Verso, 2007.)
フェルナン・ブローデル著／山本淳一訳 (1986・1988)，『交換のはたらき 1・2（物質文明・経済・資本主義15-18世紀 Ⅱ-1・2)』みすず書房．
カール・ポランニー著／若森みどり・植村邦彦・若森章孝編訳 (2012)，『市場社会と人間の自由—社会哲学論選—』大月書店．
アンドリュー・J. サター著／中村起子訳 (2012)，『経済成長神話の終わり—減成長と日本の希望—』講談社現代新書．
岩田 浩 (2013)，「企業の責任化の動向と文明社会の行方」経営学史学会編『経営学の貢献と反省—二十一世紀を見据えて—（経営学史学会年報 第20輯)』文眞堂．
勝部伸夫 (2013)，「企業理論の発展と21世紀の経営学」経営学史学会編『経営学の貢献と反省—二十一世紀を見据えて—（経営学史学会年報 第20輯)』文眞堂．
萱野稔人インタビュー・編／藻谷浩介・河野龍太郎・小野吉康 (2013)，『金融緩和の罠』集英社新書．
菊澤研宗 (2012)，「科学と哲学の綜合学としての経営学」経営学史学会編『経営学の思想と方法（経営学史学会年報 第19輯)』文眞堂．
経営学史学会編 (2011)，『危機の時代の経営と経営学（経営学史学会年報 第18輯)』文眞堂．
経営学史学会編 (2012)，『経営学の思想と方法（経営学史学会年報 第19輯)』文眞堂．
経営学史学会編 (2013)，『経営学の貢献と反省—二十一世紀を見据えて—（経営学史学会年報 第20輯)』文眞堂．
経営学史学会第7期運営委員会 (2013)，「経営学の貢献と反省—21世紀を見据えて—（第20回大会趣旨説明)」経営学史学会編『経営学の貢献と反省—二十一世紀を見据えて—（経営学史学会年報 第20輯)』文眞堂．
佐伯啓思 (2012)，『経済学の犯罪—稀少性の経済から過剰性の経済へ—』講談社現代新書．
中山智香子 (2013)，『経済ジェノサイド—フリードマンと世界経済の半世紀—』平凡社新書．
庭本佳和 (2012)，「行為哲学としての経営学の方法」経営学史学会編『経営学の思想と方法（経営学史学会年報 第19輯)』文眞堂．
野口建彦 (2011)，『カール・ポラニー—市場自由主義の根源的批判者—』文眞堂．
服部茂幸 (2013)，『新自由主義の帰結—なぜ世界経済は停滞するのか—』岩波新書．
平川克美 (2010)，『移行期的混乱—経済成長神話の終わり—』筑摩書房．
藤井一弘 (2011)，「環境問題と現代の経営」経営学史学会監修・藤井一弘編著『バーナード（経営学史叢書 第Ⅵ巻)』文眞堂．
水野和夫・大澤真幸 (2013)，『資本主義という謎—「成長なき時代」をどう生きるか—』NHK出版新書．
宗像正幸 (2012)，「産業経営論議の百年—貢献，限界と課題—」経営学史学会第20回記念全国大会予稿集．
宗像正幸 (2013)，「産業経営論議の百年—貢献，限界と課題—」経営学史学会編『経営学の貢献と反省—二十一世紀を見据えて—（経営学史学会年報 第20輯)』文眞堂．
藻谷浩介 (2010)，『デフレの正体—経済は「人口の波」で動く—』角川oneテーマ21新書．

2 経営維持から企業発展へ
―― ドイツ経営経済学におけるステイクホルダー思考と
Wertschöpfung ――

山　縣　正　幸

I．序

　経営学史学会第21回全国大会における統一論題は，「経営学に何ができるか――経営学の再生――」であり，このうちサブテーマIは「経営の発展と経営学」と設定されていた。これに関して，藤井一弘（2013）はその基調報告において，「"より大なる利潤，規模的拡大を追求する経営"とは異なる"経営の発展"はありうるのか」という問いを提示した。これに対して，いかに応えるのか。ことに，ドイツ経営経済学の蓄積から何を汲み取りうるのか。これが，本稿の課題である。

　その際に注目すべき概念が，価値創造（Wertschöpfung）である。この概念は，経済学や会計学における付加価値という量的な側面とともに，企業（Unternehmung）ないし経営（Betrieb），さらにそこにかかわる多様なステイクホルダーが，いかなる価値をいかにして創造したのかという質的・動態的側面をも持つ。なぜ，ドイツにおいて今でも価値創造ないし付加価値概念が重視されるのか。その背景には，ドイツ特有の経営共同体（Betriebsgemeinschaft）思考や価値の流れ（Wertstrom）の重視，さらには企業ないし経営の維持（Erhaltung）/発展（Entwicklung）に重きを置くといった伝統が存在する。単純に利潤極大化と片づけてしまうのではなく，いかにして企業ないし経営が価値創造を実現しようとしているのか，そこにはいかなるステイクホルダーがどのようにかかわっているのかを問おうとする姿勢がある。

　そこで，本稿ではドイツ経営経済学において一つの確たる流れとして今も

続く,「価値創造」と企業ないし経営の「維持／発展」を基軸に据える諸学説の展開について考察する。その際，ニックリッシュ (Nicklisch, H.), R.-B. シュミット (Schmidt, R.-B.), そしてブライヒャー (Bleicher, K.) の3名を中心に取り上げる。ニックリッシュは経営共同体思考をベースとして価値循環という観点から経営を捉える視座を確立した先駆者として，シュミットは現代におけるステイクホルダー多元的企業観の基礎を構築した中興として，そしてブライヒャーはシュミットによって構築された基礎に立脚して，より企業における実践に即した理論展開への途を拓いた継承者として位置づけられる。さらに，それらの学説と関連しあう諸学説や最近の展開をも考慮に入れつつ，その学史的展開位相の解明を試みる。それによって，企業ないし経営を発展させるということの意味を問い直すきっかけとしたい。

II．経営共同体思考と価値循環
――ニックリッシュの企業／経営観――

ニックリッシュの経営学説といえば，まず想起されるのが"経営共同体思考"である。たしかにそれは事実であるが，ニックリッシュ学説の展開においてつねに基軸に据えられてきたのは"価値の流れ"である。つまり，彼の学説展開の様相を考えるうえでは，価値の流れがどのように把捉されてきたのかが重要となる。実際，Nicklisch（1912）においては"資産の共同体"という発想は出てくるものの，人間による労働給付については注目されこそすれ，本格的に考察されてはいない。

では，ニックリッシュが"価値の流れ"を捉える基礎として共同体思考を導入したのはいつか。これは，Nicklisch（1915）においてなされたとみることができる。この講演において，ニックリッシュは企業を「組織された諸力の共同体」と捉えている。Barnard（1938）の組織概念をも想起させるこの企業理解は，Nicklisch（1920）を通じて，普遍性をもつ基礎思考として磨きあげられることになる。ここにおいて，ニックリッシュは人間をどのように捉えるのかという問題から出発する。その際，人間を欲望と良知 (Gewissen) という2側面から捉えている。このうち，良知とは人間が唯一的存在 (eins)

であると同時に，人類という全体を構成する一員（Glied）であることを自ら認識しているということをさす。欲望は良知によって評価され，それにしたがって行為するとき，人間は"自由"であると規定される（S. 45，翻訳書，74頁）。この基本的枠組にもとづいて，ニックリッシュは「自由の法則」「形成の法則」「維持の法則」という組織をめぐる3つの法則を導き出す。

「自由の法則」は，目的設定にかかわる（S. 66 ff.，翻訳書，105-121頁）。ここで重視されているのは，個人の欲望ないし動機と共同体の目的の合一である。どちらか一方がもう一方に従属するという状態は，良知に即していないとみなされる。この「自由の法則」にもとづいて浮かび上がるのが，「形成の法則」（S. 77 ff.，翻訳書，121-145頁）と「維持の法則」（S. 94 ff.，翻訳書，145-154頁）である。前者は一体化と肢体化の法則とも呼ばれ，「自由の法則」を踏まえたうえでの分業形成あるいは職務形成が問題となる。これに対して，後者は経済法則とも称される。ここでは，提供した給付に対して，等しいだけの反対給付がもたらされることによって，エネルギーを維持するという点が考えられている。特に後者が，ニックリッシュ独自の"経済性"概念として，Nicklisch（1922）において展開されることになる。

Nicklisch（1922）において，まず何より言及されるのが経営概念の重視である。ここで，経営は「道具，原料を備えられており」「自己ないし自分たちの目的を実現するために働いている」「個人ないし複数の人間」と定義される（S. 36）。そして，「経営において一人の人間が働いているのでないかぎり，経営は欲望満足のための価値を生産するために装備された一つの共同体である」（S. 36 f.）という指摘から窺えるように，人間という存在をベースにした共同体的把捉が根底に据えられている。ここから"労働"が前面に押し出されることになる。その際に注目したいのは，企業における労働組織に関して「形成の法則」，すなわち個別の課題に応じて各部署を構成していく（肢体化される）と同時に，それが企業全体の課題の達成に相応するように一体化される必要性を強調している点である。しかも，必要に応じて，下位部署が設定された活動領域の改変をもたらすような活動を創始するという自由も認められるべきであると，ニックリッシュは指摘する（S. 52 f.）。ここにおいて，ニックリッシュは"共同決定"（Mitbestimmung）の重要性を説くことになる。

その背景に，1920年の経営協議会法の制定という社会経済的・政治的状況があったことは明白である。ただ，ニックリッシュは経営協議会法の範囲においてのみ，共同決定を理解していたというより，むしろ企業における方針決定＝企業政策的意思決定の全般において共同決定がなされる姿を理想として描いていたのではないか。そう理解すれば，「資本の精神ではなく，労働の精神が企業の魂である」(S. 56) という言説も容易に納得がいく。

かかる経営共同体思考に立脚して，企業ないし経営をめぐる価値の流れも新たに描き直される。中期のニックリッシュにあっては人間を出発点として，経営現象，より正確には"経営生活"(Betriebsleben) が体系的に説明される。初期において焦点があてられていた資産の運動は，まさに人間による労働給付によってはじめて具体化される。この運動過程が経営として捉えられるのである。ここにおいて運動するのが"価値"である。その際，労働と物的資産によってもたらされる給付（価値）の流れと，その対価としての貨幣の流れという対流関係として価値の流れが描き出されている。この対流関係が適切に成立しているかどうかをあらわす基準として，あらためて定義されたのが"経済性"である。つまり，共同体としての経営が成果を獲得しえている状態と，そのために必要な力ないしエネルギーを獲得しえている状態が両立できているとき，経済性が充たされているということになる。そして，必要な力ないしエネルギーを獲得するためには，それに相当する対価値を提供する必要がある。かくして，有名なニックリッシュの経済性の公式〈成果／給付＝1〉が打ち出された。この経済性概念が数多くの問題を抱えていることは，すでに市原 (1954) 第8章において明らかにされている。

この Nicklisch (1922) を踏まえて，最終的に経営生活を"価値循環"として体系的に描き出したのが，Nicklisch (1928); ders. (1929-1932) である。Nicklisch (1928) においては，経営経済学の対象は"経営"に設定されている (S. 10, 翻訳書, 23頁)。そして，この"経営"には企業だけでなく，家政 (Haushalt) も含まれる。では，企業や家政など，さまざまな経済単位に共通する点とはいったい何か。それが"価値循環"(Wertumlauf) である。価値循環は，大きく"内部価値循環"と"外部価値循環"に分けられる。内部価値循環は成果獲得過程とも称される。ここで描出されるのは，一般的に調達

や生産，販売といった有形財・サービスのような，最終的に消費者によって購入される効用給付が転態されていく流れである。

これに対して，外部価値循環は成果分配過程とも称される。ニックリッシュは経営を資本と労働の共同体として捉えるため，労働者と企業者，参加資本（＝出資だけの自己資本提供者），そして企業それ自体への分配，さらには以上の分配のあとに残った余剰のさらなる分配が，成果分配に含まれる。ただ，「外部価値循環」という表現に——そして，Nicklisch（1920）（S. 100, 翻訳書，153頁）における「価値の実現には……，消費者も含まれる」という一文——にこだわるなら，この成果分配の対象範囲，もっといえば経営構成員の範囲は，永田（2006）が指摘するように内部価値循環ないし価値創造過程に貢献するステイクホルダーすべてへと拡大できる。[1] ニックリッシュが活躍した時代は，周知のとおり資本主義と社会主義という2つの経済体制が鋭く対立しあっていた。そのような状況下において考慮されるステイクホルダーが資本家と労働者に限定されたとしても，それは時代的な制約である。ただ，ニックリッシュが資本家と労働者以外のステイクホルダーの存在に気づいていなかったわけではないことは，先に引用したNicklisch（1920）に明らかである。この点を展開したのが，シュミット（Schmidt, R.-B.）である。

Ⅲ．外部価値循環をめぐる利害の多元性
——R.-B. シュミットの企業用具説——

ニックリッシュの経営学説は，原理的には異なるにせよ，ナチズムに近しいところにあったために，第二次世界大戦後はグーテンベルク（Gutenberg, E.）による近代経済学を積極的に導入した理論体系の隆盛の陰に隠れることになった。とはいえ，企業をめぐる価値循環を体系的に明らかにしようとした点や，付加価値を成果の測定基準として理論を構築しようとする点などは，ドイツ経営経済学において確実に継承されている。このアイデアを企業維持という観点から展開したのが，シュミットである。シュミットは，師であるコジオールが展開した動態的企業観をベースに，多様なステイクホルダーとの関係性を包摂した企業モデルを"企業用具説"として描き出した。

企業用具説において，何よりも特徴的なのは，その企業概念である。企業用具説においては，企業はステイクホルダーが自らの欲望を満たすための用具であると規定される。これは，ニックリッシュからコジオールへと受け継がれた「他者需要の充足」という企業観をさらに展開したものである。かかる企業観に立脚すれば，企業の目標構想としての企業政策の形成に携わりうる利害関係者が誰であるのかという問題が浮かび上がってくる。このような利害関係者を，シュミットは「企業の担い手」と称している。誰が企業の担い手になるのかは，企業，より具体的には価値創造過程の内実によって異なるが，一般的には自己資本提供者，経営者，従業員，他人資本提供者，サプライヤー，顧客，競争企業，労働組合，使用者団体，行政機関などが想定される。

　そして，ここでそれぞれの「企業の担い手」が企業に対して，いかなる用具的関係を取り結ぶのかという問いが浮上する。この用具的関係によって，それぞれの企業の担い手が企業に対して求める期待としての「個々の目標」が規定される。企業の担い手それぞれの目標ないし動機が企業から得たいと期待する効用ないし価値，あるいは欲望であるならば，企業が企業の担い手から獲得したいと期待する効用ないし価値も存在する。ここにおいて，価値交換関係が発生する。これに関して，シュミットは後述する成果使用の問題に重きを置いているために，価値創造過程と価値交換関係の相互連関についてはあまり詳論していないが，Dlugos（1981）がこれを図1のように示している。ステイクホルダーと企業との関係は，いかに社会的性格を帯びたとしても，第一義的には価値創造過程をめぐる経済的な価値交換関係である。その点で，シュミットの企業用具説に始まり，ドゥルーゴスの価値交換関係の図式化によって，コジオールにおいて果たされていなかった企業過程ないし価値創造過程と，ニックリッシュの言うところの外部価値循環とが理論的に統合されたことは，評価されるべきであろう。

　企業用具説において注目すべきもう一つの点は，成果使用をめぐる考察である。というのも，成果使用においては，価値創造過程に必要な財ないし資源，すなわち企業にとっては効用給付を提供してくれたステイクホルダーに対して提供する反対給付の内容についての意思決定，つまり成果分配に関す

22　第Ⅱ部　経営学の再生

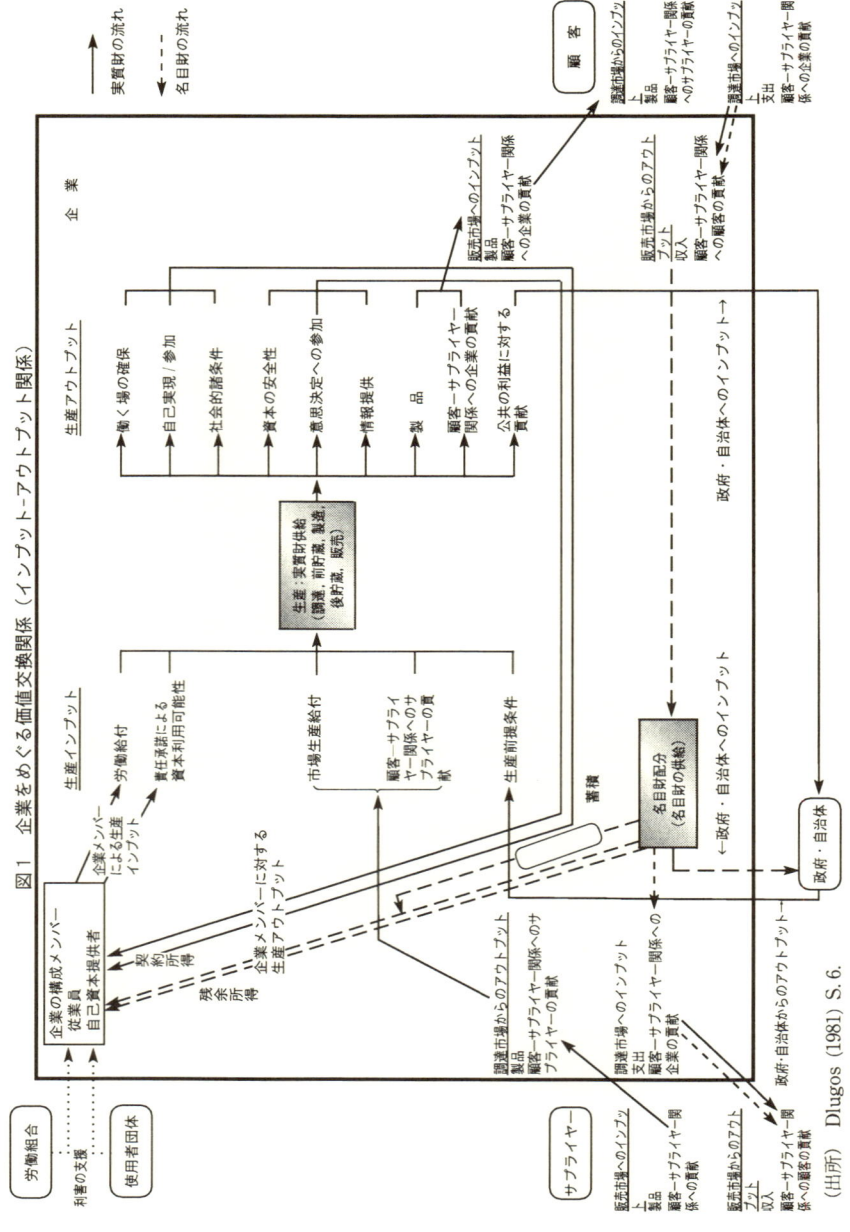

図1　企業をめぐる価値交換関係（インプット-アウトプット関係）

(出所) Dlugos (1981) S. 6.

る意思決定とともに，将来的な企業の維持や発展をめざしての成果の留保や投資に関する意思決定が含まれるからである。これに関しては，経済秩序や社会秩序，諸法令や契約などにもとづく義務的要件，そして企業の維持・存続といった要因によって規定される。当然，その内容は企業それ自身や企業がおかれている環境，そしてどのステイクホルダーが「企業の担い手」であるのかによって異なる。

　シュミットの理論において，成果はきわめて重要な位置を占めながら，かつ非常に曖昧な概念範囲をもつ。というのも，シュミットは成果の範囲を一義的に規定するのではなく，成果を受け取るステイクホルダーに含まれるのが誰かによって，成果概念の意味内容が変化するという点を重視しているからである。ただ，従業員をも含めた付加価値概念を重視していることは言うまでもない。

　シュミットは，成果使用に関する目標や方針の体系である「成果使用構想」を企業理念や企業政策と結びつけて論じている。企業の観点からすれば，価値創造過程を永続的かつ効果的に展開するうえで必要な財をステイクホルダーから獲得するためには，ステイクホルダーの欲望ないし需要を充たさなければならない。これこそ，ニックリッシュが成果分配過程としての外部価値循環として捉えようとした事象である。シュミットの企業用具説においては，個々の価値交換関係，彼の概念でいえば用具的関係がどのように成立しうるのかは，一義的な規範の設定によって決まるものではなく，それぞれの欲望ないし需要の状況や，価値交換関係をめぐるパワー・バランスなどによって規定されるという姿勢が貫かれている。

　シュミットの企業用具説によって，ニックリッシュが構築した価値循環体系をベースとする企業理論の可能性が大きく拓かれることになった。なかでも，ブライヒャー（Bleicher, K.）は『統合的マネジメント構想』として，企業用具説をベースに包摂した企業管理論／経営管理論を打ち出している。そこで，次節ではブライヒャーの『統合的マネジメント構想』のなかでも，特に重視されている"規範的マネジメント"に重点を置いて考察したい。

Ⅳ. 企業発展と Unternehmungsführung
――ブライヒャーの「規範的マネジメント」の理論枠組――

　ブライヒャーの学説において，通奏低音となっているのが"企業発展(Unternehmungsentwicklung)"である。Bleicher (1979) は，シュミットの企業用具説とシステム思考をベースにして，企業発展を「時間経過における企業のポテンシャルの変化」(S. 3, 37) と規定している。つまり，企業という経済的存在を成立させている（＝企業に対して，何らかの"貢献"を提供している）ステイクホルダーなしに，企業発展はありえないという考え方が根底にある。しかも，時間の経過によって，企業がステイクホルダーに求める貢献，ステイクホルダーが企業に対して求める効用，さらには社会経済的状況などが変化する。そのようななかで，自らの行為自律性や時間自律性を維持しつつ，創造的に適応することが求められる。当然，ここには貨幣的な成果も含まれる。かくして，ニックリッシュにおいては"経営共同体維持"，シュミットにあっては"企業維持"として設定されていた指導原理が，ブライヒャーにおいて"企業発展"として再設定された。この点を踏まえて，統合的マネジメント構想の全体像，そしてそのなかでも規範的マネジメントの枠組についてみていくことにしよう。
　ブライヒャーの統合的マネジメント構想の全体像は，図２に示されている。このうち，特に注目されるのは，原則としてトップ・マネジメントによって担われる規範的マネジメント，そのなかでも企業理念と企業政策である。
　ブライヒャーの統合的マネジメント構想のなかでも，もっとも根源的な要素として位置づけられているのが企業理念である。これは，企業の社会経済的な存在意義を明確化する言明として定義される。社会経済的な存在意義とは，言い換えれば，企業が社会経済，より細かく見れば，企業と価値交換関係にあるさまざまなステイクホルダーに対して，いかなる効用を提供しうるのかということである。そこから企業経営に関する基本的な姿勢なども導き出される。こういった企業の自己認識が，企業理念というかたちで示される。
　この企業理念に即して，企業発展の将来的な方向性を規定する企業政策が

図2 統合的マネジメント構想の全体像

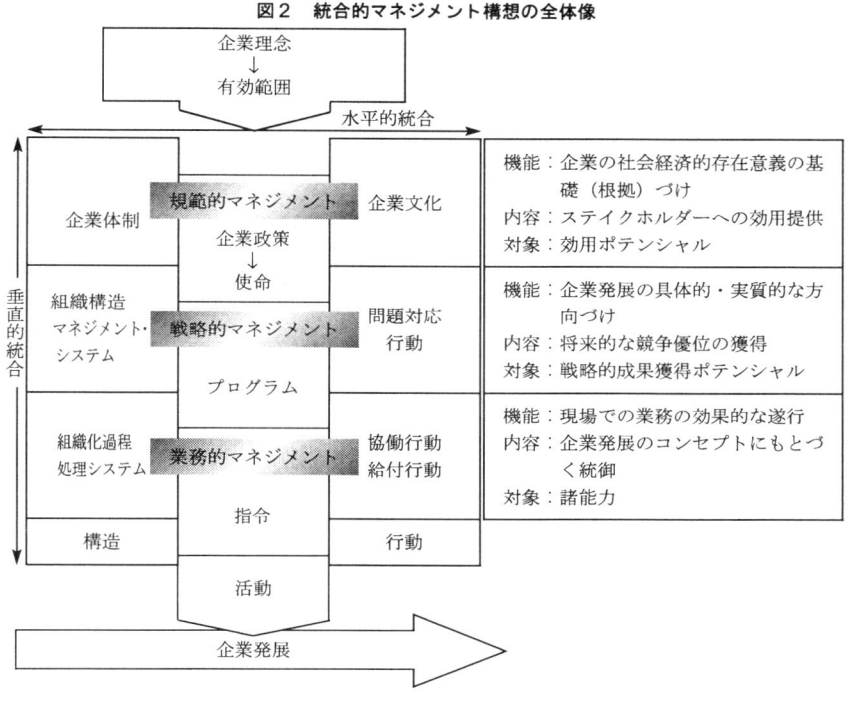

（出所）Bleicher（1994）S. 45にもとづいて山縣加筆修正。

形成される。いわば，企業政策は企業の将来に関する長期的な方針ないし目標体系，より具体的には価値創造過程と価値交換関係をどのように駆動させるのかに関する目標体系である。その際，ポテンシャルという概念を軸に議論が展開されている。ここでは特に「効用ポテンシャル」「成果獲得ポテンシャル」「意思疎通ポテンシャル」の3つに絞って考察する。

このうち，効用ポテンシャルは諸ポテンシャルの最上位に位置づけられている。これは，企業がステイクホルダーに対して，いかなる効用を提供しうるのかにかかわるポテンシャルであり，価値創造の淵源とも称される。これは，企業政策レベルのみならず，企業理念における自己認識とも深くかかわっている。この効用ポテンシャルを具体的に実現していくのが成果獲得ポテンシャルであり，また意思疎通ポテンシャルである。前者は価値創造過程にか

かわっており，市場ポテンシャル・技術ポテンシャル・人的ポテンシャル・裁量ポテンシャルからなる。一方，後者は価値交換関係を支えるものであり，信頼・諒解関係・ロイヤリティからなる[2]。

　ブライヒャーがあげている諸ポテンシャルは，さまざまな財が価値創造過程や価値交換関係においてどのような効用をもたらすのかを示している。そして，企業理念や企業政策は，企業の価値創造や価値交換といった価値の運動を方向づけ，動かしてゆく＝動態化する役割をもっていることがわかる。もう少し具体的にいえば，成果獲得ポテンシャルという観点から価値創造過程を設計・構築していくと同時に，それをとりまくステイクホルダーとの価値交換関係を意思疎通ポテンシャルに即して構築していくこと，これこそがUnternehmungsführungの課題と捉えられているわけである。

　このようなブライヒャーの『統合的マネジメント構想』や『規範的マネジメント』は，現在もさまざまな論者によって展開されている。しかし，これを学史的に位置づけ，評価するという試みはほとんどなされていない。そのなかで，Loitlsberger / Ohashi / Töndl（1996）はBleicher（1991）を「経営管理論におけるニックリッシュ・ルネサンス」（S. 636，翻訳書，174頁）と指摘している。その根拠は必ずしも明確ではないが，前述箇所に先立って，共同体的営利という仮定への重視という点を指摘していることを考えると，むしろニックリッシュが提示した価値循環思考がUnternehmungsführungの体系の基礎として活用されているがゆえの評価と推論できる。

　もう少し詳しくみてみよう。ニックリッシュによって描き出された内部価値循環＝成果獲得過程＝価値創造過程を支えるポテンシャルが成果獲得ポテンシャルであり，外部価値循環＝成果分配過程＝価値交換関係を支えるポテンシャルが意思疎通ポテンシャルにあたる。そして，その根底にあるのが"目的の法則"であり，さまざまなステイクホルダーからなる社会経済との関係性において，それぞれの企業がいかなる効用を創造・提供しうるのかという効用ポテンシャルが明確化される。その具体的な現象形態が企業理念であり，これにもとづいて何をなすべきかを形成し，さらにはステイクホルダーからの貢献を獲得するとともに，それに対する分配を提供するという関係性を維持するのかということが，企業政策において考慮・実践される。このように

考えれば，ブライヒャーの統合的マネジメント構想は，もちろん媒介項としてバーナードの組織論的経営管理論，シュミットの企業用具説といった先行成果を踏まえているが，たしかにニックリッシュの価値循環モデルの現代的な再構成として位置づけることができる。

　企業を価値創造メカニズムとして理解するならば，ニックリッシュ（や，バーナード）→シュミット→ブライヒャーという一つの流れは，ステイクホルダーとの価値交換（外部価値循環）を経営ないし企業にとって内在的な課題として考慮しつつ，成果獲得（内部価値循環）を持続的に実現するという経営維持／企業維持／企業発展の問題を捉えるうえで，有効な学史展開として注目される。

V．価値創造志向的経営経済学の展開 ——最近の動向から——

　ここまでみてきたように，ドイツ経営経済学においてはつねに多様なステイクホルダーを重視する理論伝統が一定の勢力を保ってきた。もちろん，時代の状況によって，その勢力には強弱がある。ここでは，シュミットの学統を受け継ぐ2つの著作から，その傾向について概観する。

　まず注目したいのは，Steinle（2005）である。ここでは，企業用具説が明確に継承・展開されている。とりわけ，企業政策における多様な利害とそこから生じるコンフリクト，そしてそれを束ねる企業の基本コンセプトの策定が"価値交換関係（Austauschungsbeziehungen）"という概念を軸として重点的に論じられている。さらに近年になって，Bach et al.（2012）が公刊された。ここでは，企業活動の第一目的が「資源を駆使・転態して，顧客の欲求を充足することで」「剰余価値（Mehrwert）を創出する」ことと規定されたうえで，価値創造やリスク負担への貢献をもたらしたすべてのステイクホルダーに対して分配される貨幣的成果として付加価値が最も重視されている（S. 3）。

　このように，ドイツではWertschöpfungをキー概念として議論を展開する発想が多い。この流れを"価値創造志向的経営経済学（wertschöpfungsorientierte Betriebswirtschaftslehre）"と呼んでおきたい。その際には，いわゆるアン

グロサクソン系の議論にみられる"企業／株主価値創造"とは異なり，価値創造過程に何らかの貢献をなす諸ステイクホルダーの存在が前提とされている。これは，成果分配や価値交換に焦点を当てようとする研究のみならず，付加価値と生産性の問題を考えようとする研究においても共通している。企業を含む派生的経営は，そこにかかわる諸ステイクホルダーの欲望を満たすことによって初めて，その存立を確保することができる。そのためには，「誰に」「どのような効用を」「どのようにして」創出・提供するのかが問われなければならない。しかも，ステイクホルダーが抱く欲望は刻々と変化する（動態性）のみならず，それぞれに異なっている（複合性）。いかにして，かかる事態に対応するのか。これは経営学にとって，おそらく不易的なテーマであろう。これらの諸学説を学史的に跡づけ，さらに日本における諸課題の解明に役立てることは，今後に残された課題である。

VI. 結——経営維持から企業発展へ，そしてあらためて Betrieb へ——

われわれが生活を営んでいくうえで，派生的経営としての企業は必要不可欠な存在となっている。経営維持や，そこから展開された企業発展といった考え方が根強く生き残りつづけているのもまた，多様なステイクホルダーとの価値交換関係があって初めて，価値創造メカニズムとしての企業は社会経済的存在意義を有しうるからである。もちろん，持続的な企業の維持・発展のためには経済的成果としての付加価値の獲得が欠かせない。付加価値とは，企業が提供する効用給付（製品・サービス）を顧客が"欲しい"と思い，かつ購入することで初めて獲得される。付加価値の獲得なしに，企業がステイクホルダーとの価値交換関係を維持・展開していくことはできない。つまり，家政や企業といったさまざまな Betrieb (-sgemeinschaft) をめぐる価値循環をいかにして構築するのかが，きわめて重要な課題となる。だからこそ，隣接学問としての会計学や経済学において，生産性をめぐる議論が今もなお盛んに議論されているのである。

その際，派生的経営がどのような形態をとるのかが，一つの課題として浮かび上がる。すでに大橋（1966）が詳細に考察しているように，ドイツ経営

経済学における共同体思考の具体的展開として"協同組合"がある。実際，ドイツだけでなく，ヨーロッパにおいては，たとえばスペインにおけるモンドラゴン協同組合複合体のような競争力をもつ協同組合も存在する（津田 2012）。株式会社をはじめとする企業形態とは異なる Betrieb において，いかなる Führung が必要となるのかも当然ながら議論されるべきであろう。

　ただ，その場合にも，付加価値やそれに類する経済的成果概念，それを実現に結びつける生産性の問題やステイクホルダーとの価値交換関係など，それらを総括する概念枠組としての価値創造メカニズムないし価値循環の問題を避けて通ることはできない。近年，"経済成長至上主義"に対する疑念が盛んに提示されている。そのねらいは理解しうるものの，われわれの生活が貨幣を媒介にした交換に立脚している以上，創出・提供される効用給付に対して交換相手が高い価値を認め，それに応じた貨幣の支払が可能であるような状況はいかにしてありうるのかを考える必要がある。その点を無視して，動態的で複雑な社会経済において生活を維持し，発展させていくことは難しい。当然ながら，その際には，現代社会経済において必要不可欠な存在となっている企業，そしてそれ以外の派生的経営の一般的／個別的存在意義もまた問われる。ドイツ経営経済学において一つの流れを形成している価値創造志向的アプローチは，この問題を考えるための手掛かりを提供してくれているのである。

注
1）　ここで想起されるのが，Barnard（1938）の組織概念であろう。この点に関する考察については，別の機会を俟ちたい。
2）　これに関して，詳しくは山縣（2007）第6章参照。

参考文献
Bach, N. / Brehm, C. / Buchholz, W. / Petry, T. (2012), *Wertschöpfungsorientierte Organisation–Architekturen–Prozesse–Strukturen,* Wiesbaden.
Barnard, C. I. (1938), *The functions of the executive,* Harvard University Press.（山本安次郎・田杉　競・飯野春樹訳『新訳 経営者の役割』ダイヤモンド社，1968年。）
Bleicher, K. (1979), *Unternehmungsentwicklung umd organisatorische Gestaltung,* Stuttgart/New York.
Bleicher, K. (1991), *Das Konzept integriertes Management,* 1. Aufl., Frankfurt am Main/New York.
Bleicher, K. (1994), *Normatives Management–Politik, Verfassung und Philosophie des Unter-*

nehmens, Frankfurt am Main / New York.
Bleicher, K. (2011), *Das Konzept integriertes Management,* 8. Aufl., Frankfurt am Main / New York.
Dlugos, G. (1981), Die Unternehmungseffizienz im Interessenkonflikt der Unternehmungsmitglieder, in: Säcker, F. J./Zander, E. (Hrsg.): *Mitbestimmung und Effizienz-Humanität und Rationalität der Produktionsstruktur in mitbestimmten Unternehmen,* Stuttgart, S. 1 ff..
Dorow, W. (1982), *Unternehmungspolitik,* Stuttgart / Berlin / Köln / Mainz.
Kosiol, E. (1968), *Einführung in die Betriebswirtschaftslehre - Die Unternehmung als wirtschaftliches Aktionszentrum,* Wiesbaden.
Krüger, W. (1972), *Grundlagen, Probleme und Instrumente der Konflikthandhabung in der Unternehmung,* Berlin.
Krüger, W. (1974), *Macht in der Unternehmung,* Stuttgart.
Loitlsberger, E. / Ohashi, S. / Töndl, M. (1996), Betriebswirtschaftslehre und Gemeinschaftsgedanken -Zum 50. Todestag von Heinrich Nicklisch (1876-1946) mit einer biographischen Skizze und einem Exkurs über seine Wirkungsgeschichte in Japan, in : *Zeitschrift für Betriebswirtschaft,* 66. Jg.
Loitlsberger, E. (2000), *Grundkonzepte der Betriebswirtschaftslehre,* München / Wien.
Nicklisch, H. (1915), Rede über Egoismus und Pflichtgefühl, in: *Zeitschrift für Handelswissenschaft und Handelspraxis,* 8. Jg., S. 101 ff. (渡辺 朗訳「利己主義と義務感」大橋昭一編著, 渡辺 朗監訳『ニックリッシュの経営学』同文舘出版, 1996年, 115-124頁。)
Nicklisch, H. (1920), *Der Weg aufwärts! Organisation,* Stuttgart. (鈴木辰治訳『組織―向上への道―』未来社, 1975年。)
Nicklisch, H. (1922), *Wirtschaftliche Betriebslehre,* 6. Aufl. der *Allgemeine kaufmännischen Betriebslehre,* Stuttgart.
Nicklisch, H. (1928), *Grundfragen für die Betriebswirtschaft,* Stuttgart. (木村喜一郎訳『経営経済原理』文雅堂, 1930年。)
Nicklisch, H. (1929-1932), *Die Betriebswirtschaft,* 7. Aufl. der Wirtschaftlichen Betriebslehre, Stuttgart.
Schmidt, R.-B. (1969), *Wirtschaftslehre der Unternehmung,* Bd. 1. Grundlagen, Stuttgart. (2. Aufl., 1977 ; 吉田和夫監修, 海道ノブチカ訳『企業経済学』第1巻「基礎編」千倉書房〔原著第1版〕, 1974年。)
Schmidt, R.-B. (1973), *Wirtschaftslehre der Unternehmung,* Bd. 2. Zielerreichung. (吉田和夫監修, 海道ノブチカ訳『企業経済学』第2巻「目標達成編」千倉書房, 1978年。)
Schmidt, R.-B. (1978), W*irtschaftslehre der Unternehmung,* Bd. 3. Erfolgsverwendung, Stuttgart. (吉田和夫監修, 海道ノブチカ訳『企業経済学』第3巻「成果使用編」千倉書房, 1986年。)
Schmidt, R.-B. (1985), Wert und Wertungen in der Unternehmung, in: *Die Betriebswirtschaft,* 45. Jg.
Schweitzer, M. (1972), *Struktur und Funktion der Bilanz - Grundfragen der betriebswirtschaftlichen Bilanz in methodologischer und entscheidungstheoretischer Sicht,* Berlin. (興津裕康監訳『貸借対照表の構造と機能』森山書店, 1992年。)
Steinle, C. (2005), *Ganzheitliches Management -Eine mehrdimensionale Sichtweise integrierter Unternehmungsführung,* Wiesbaden.

Ulrich, H. (1981), Die Bedeutung der Management-philosophie für die Unternehmungsführung, in: Ulrich, H. (Hrsg.): *Management-Philosophie für die Zukunft,* Bern/Stuttgart, S. 11 ff. (Nachdruck in: Ulrich, H. (2001) Bd. 4, S. 359 ff.)

Ulrich, H. (2001), *Hans Ulrich-Gesammelte Schriften,* 5. Bde., Bern / Stuttgart. (Hrsg.: Der Stiftung zur Förderung der systemorientierten Managementlehre.)

Völker, G. (1961), *Heinrich Nicklisch-Grundzüge seiner Lehre,* Stuttgart.

市原季一（1954），『ドイツ経営学』森山書店。

市原季一（1982），『ニックリッシュ』同文舘出版。

大橋昭一（1966），『ドイツ経営共同体論史―ドイツ規範的経営学研究序説―』中央経済社。

大橋昭一編著，渡辺 朗監訳（1996），『ニックリッシュの経営学』同文舘出版。

岡本人志（1977），『経営経済学の形成』森山書店。

岡本人志（1997），『ドイツの経営学』森山書店。

海道ノブチカ（1988），『西ドイツ経営学の展開』千倉書房。

海道ノブチカ（2001），『現代ドイツ経営学』森山書店。

海道ノブチカ（2013），『ドイツのコーポレート・ガバナンス』中央経済社。

木村貞子（2001a），「ドイツにおける価値創造概念の展開」『大阪学院大学流通・経営科学論集』第26巻第4号，25-45頁。

木村貞子（2001b），「価値創造計算論の問題」深山 明・海道ノブチカ編『経営学の歴史』中央経済社，第13章。

古林喜楽（1936），『経営労務論』東洋出版社（古林喜楽著作集〈第2巻〉千倉書房，1979年）。

古林喜楽（1953），『賃金形態論』森山書店。

鈴木辰治（1992），『現代企業の経営と倫理』文眞堂。

髙田 馨（1957），『経営共同体の原理―ニックリッシュ経営学の研究―』森山書店。

髙田 馨（1969），『経営成果の原理』千倉書房。

髙田正淳（1968），「コジオールの経営経済学」海道 進・吉田和夫編『ドイツ経営学説史』ミネルヴァ書房，第9章。

田中照純（2001），「現代経営学の視点―研究対象との関連で―」『立命館経営学』第39巻第6号，1-13頁。

田中照純編（2012），『ニックリッシュ』（経営学史叢書 第XI巻）文眞堂。

永田 誠（2006），「ニックリッシュの組織論とその現代的意義」『商経学叢』（近畿大学商経学会）第52巻第3号，33-50頁。

中村常次郎（1982），『ドイツ経営経済学』東京大学出版会。

中村義寿（1982），「ニックリッシュの管理論―経営経済学と管理論―」『名古屋学院大学論集』《社会科学篇》第19巻第1号，1-28頁。

中村義寿（1983），「ニックリッシュとバーナード―その組織論の比較に関する覚書―」『名古屋学院大学論集』《社会科学篇》第19巻第4号，89-115頁。

西村 剛（2002），「ニックリッシュ経営経済学における研究対象の変遷―「企業概念」と「経営概念」について―」『産業と経済』（奈良産業大学経済経営学会）第17巻第4号，321-341頁。

西村 剛（2003），『経営組織論序説―経営経済学的組織論の構築に向けて―』晃洋書房。

庭本佳和（2006），『バーナード経営学の展開―意味と生命を求めて―』文眞堂。

藤井一弘（2013），「経営学に何ができるのか―経営学の再生―」『経営学史学会第21回全国大会予稿集』1-5頁（本年報7-15頁に収録）。

森 哲彦（1993），『経営学史序説―ニックリッシュ私経済学論―』千倉書房。

森 哲彦（2003），『ドイツ経営経済学』千倉書房。

山縣正幸（2007），『企業発展の経営学―現代ドイツ企業管理論の展開―』千倉書房。
山縣正幸（2010），「価値創造過程としての企業―コジオール学派における動態的企業観をめぐって―」『商経学叢』（近畿大学）第57巻第2号，123-53頁。
山縣正幸（2011），「企業用具説の基本思考」『商経学叢』第58巻第2号，281-297頁。
山本安次郎（1961），『経営学本質論』森山書店。
吉田和夫（1982），『ドイツ経営経済学』森山書店。
吉田和夫（1995），『ドイツの経営学』同文舘出版。

3 「協働の学としての経営学」再考
―― 「経営の発展」の意味を問う ――

藤　沼　　　司

I．はじめに

　生態系の危機に見られるように，現代文明は転換期を迎えていると言われて久しい。20世紀以降の現代文明を主導してきたのは，株式会社に代表される企業活動である。経営学はこうした企業活動に対してさまざまな態度を取りつつ，企業活動を研究対象の中核に据えて展開してきた。企業文明とも言われる現代文明のあり様を問うことは，経営学のあり様を問うことにもつながる。経営学のあり様を問うには，その後今日まで研究対象の裾野を拡大しつつあるとはいえ，「より大なる利潤，規模的拡大を追求する」経済的協働である企業活動を中核に据え，その展開を促してきたこれまでの経営学の主潮流を相対化する必要がある。

　営利目的に限らない協働一般に着目し，そこから人間や組織，そして経営の意味を問い，その理論化を図る潮流が，主潮流ではないが経営学には確かに存在している。それがここで「協働の学としての経営学」と呼ばれる流れである（加藤 1996；吉原 2006）。その典型として，C. I. バーナードの理論が挙げられる。

　本稿の目的は，「経営の発展」を「協働の学としての経営学」の文脈の中で捉え直すことで，翻って「より大なる利潤，規模的拡大を追求する経営」を指向する経営学の主潮流における「経営の発展」の意味とそこに潜む問題性を問うことである。ここでは，「協働の学としての経営学」の典型としてのバーナード理論を参照しながら，本稿の課題への接近を試みる。

II．バーナードの「協働」文明論

1．変化し続ける社会的世界における起動力と art の役割

バーナードは，われわれが生きるこの社会的世界は絶えざる「変化」の渦中にあり，その変化は〈世界〉に渦巻く「諸力 forces」と 2 つの「起動力 powers」—個人および協働システム—に由来すると言う（Barnard 1936, p. 29, 翻訳書，41頁）。

この世界は生きた，動的な，つねに変化するプロセスとして生成しつつある（Barnard 1936, p. 28, 翻訳書，40頁）。人間は，起動力を介して矛盾・対立する諸力の絶えざる（再）調整を実現しなければならない。およそ文明化の程度は，起動力が有する諸力を調整する「組織化能力」という「人間の art」の程度に依存する。

とは言え，たとえ一時的に起動力によって諸力の調和が確保されても，しばらくすれば再び諸力は矛盾・対立するようになる。それは，起動力による諸力の（再）調整作用自体が，諸力の源泉である物的・生物的・個人的および社会的諸要因を新たな状況へと変化させるからである。諸力の（再）調整過程は，個人や協働システムにとって，「存続の危機」であると同時に，「発展の契機」にもなりうる。この点は，後で改めて言及する。

2．バーナード「協働」文明論の哲学的基盤
　　　——ホワイトヘッドとの関連で——

バーナードは，個人はもちろんのこと，協働システムも社会も「生きている」と把握する。A. N. ホワイトヘッドは「生命は自由を求めんとする努力である」（Whitehead 1978, p. 104, 翻訳書，179頁）と言い，「自由の本質は，目的の実行可能性である」（Whitehead 1933, p. 66, 翻訳書，90頁）と言う。しかも「自由は状況を超え出るところにある」（Whitehead 1933, p. 67, 翻訳書，92頁）。生命は，状況の拘束性を超え出て，当該主体固有の目的を設定し，その実現を追求する自由を指向する。

生命形態が高度であるほど，自身を取り巻く状況の改善に積極的に取り組

むのであって，こうした生命の状況への積極的なとっくみあい，つまり「生命のart」には3つの衝動がある，とホワイトヘッドは述べる。[1]「生命のartは，まず第一に生きてゆくことであり，第二に満足のいくしかたで生きてゆくことであり，そして第三には，満足を一層高めてゆくことである」(Whitehead 1829, p. 5, 翻訳書, 12頁)。この，単に生きること to live から，うまく生きること to live well，そしてよりよく生きること to live better へと「生命のart」の向上を促進させることが理性の機能である，とホワイトヘッドは言う(Whitehead 1929, p. 2, 翻訳書, 8頁)。

では，artとは何か。「人為的 artificial であることが，artの本質である。しかし依然として art でありながら，自然に復帰すること return to nature が，その完成である。要するに，artは自然の教育である。こうして，最広義において，artは文明である。というのは，文明は，調和の大規模な完成を間断なく目指すことにほかならないのだから」(Whitehead 1933, p. 271, 翻訳書, 373頁)であると，ホワイトヘッドは述べる。artは人為的でありながら，諸状況の本性 nature との調和を目指すことであり，その調和の程度が文明化の程度をはかるものともなる。ホワイトヘッドによれば，「偉大な〈調和〉とは，背景の統一性において結合された，もろもろの存続する個体の調和であ」(Whitehead 1933, p. 281, 翻訳書, 388頁)り，「artはそのさまざまな構成体の細々とした構成要素のうちに，個体性を生み出すことを目指すべきである」(Whitehead 1933, p. 282, 翻訳書, 389頁)。ここに，artには全体と個のバランスの問題が潜むことを見て取れる。

ホワイトヘッドがartは「自然の教育 the education of nature」であると言うが，'educate'の語源からすれば，教育とは，自然（状況）に潜在する諸可能性を何ものかとして具体化・顕在化させることを意味する。ただし，自然に復帰しないartは，言い換えれば諸状況の本性と調和しないartは，「うわべだけの，不自然な artificial」ままにとどまり，そうした「artは，自然の奥深くにある諸機能が病的に育ちすぎる」傾向を有する（Whitehead 1933, p. 271, 翻訳書, 373頁)。

artは，潜在する諸可能性の中から，諸状況を超え出た具体的・個性的な何ものかとしての「新しさ」の創造を目指す。しかしそれは，諸状況との調和

を必要とし，そうした調和を欠く「新しさ」は「うわべだけの，不自然な」ものに，そして病的なものに陥る危険性をすら孕む。artには，諸状況との調和を実現しつつ，しかも諸状況を超え時代を超えるような「新しさ」の創造が要請される。artとは，創造的・主体的行為であり，そこには空間的および時間的拡がりを有する全体と個のバランスの問題が潜んでいる。

3．「協働」文明論における〈artとしてのマネジメント〉の意義

　変化しつつある状況の中での発揮が期待される人間のartは，起動力とそれを取り巻く諸力との間に，全体と個のバランスを確保する必要がある。しかしこのバランスは，「それは社会全体と個人とのいずれについても主観的であるから，この割合がどうかということを科学は語りえないと信じる。それは哲学と宗教の問題である」(Barnard 1938, p.296, 翻訳書，309頁) と，バーナードは述べる。全体と個のバランスの問題は，どこまでいっても客観的・科学的に確定できず，絶えず主観的要素が入り込んで来ざるを得ない。

　そこで，全体と個のバランスの受容をめぐって，人々の間での主観的権威の，さらには客観的権威の確立とその維持という問題が生じてくる。人々によって，特定の全体と個のバランスが受容される必要がある。

　しかしこのことは，多様な権威が確立・維持される可能性をも含意している。そこで，多様な諸権威間において互いを排除し合うのではなく，むしろ互いを認め合う寛容の確保が問題となる。この寛容の確保の問題は，諸権威間の調和と特定の当該権威の確保・維持というより高度化された全体と個のバランスの問題へと向上の螺旋を描く。

　バーナードは，①全体と個のバランスの問題，②権威の確立と維持の問題，③寛容の確保の問題，を社会進歩における不変のジレンマと指摘する。

　人間協働は自由を指向する「生命のart」の発露である。そしてそれは，理性の機能によって，よりよく生きるためのより高度な協働へと促される[2]。それが却って人間の理性の向上をも促す (Barnard 1938, p.119, 翻訳書，125頁)。

　人間の歴史を概観するとき，人間は協働の拡大・精緻化という「生命のart」の向上を通じて「状況の改善」（状況の人為化）を促進させ，それに伴って協

働に貢献する諸個人の自由度を増大させてきた。そうした文明化の過程で，協働システムという起動力が有する「人間の art」が，すなわち〈art としてのマネジメント〉が重要な役割を果たしている。しかしそこでは，つねに3つのジレンマに直面している。これらに対してどのように応答するかが，〈art としてのマネジメント〉には求められる。しかしその研究は，およそ100年程度の歴史であり，緒に就いたばかりである。こうした人類史的視野の中で，現代文明形成の中核を成す経済的協働の特徴を批判的に検討することが，「協働の学としての経営学」に期待される。その際の重要な視点として，3つのジレンマが設定されよう。以下において，本稿の概念枠組となる，バーナードの協働システム概念を概観する。

Ⅲ．概念枠組として「協働システム」概念
──四重経済との関連で──

1．四重経済に見る「全体と個のバランス」問題と責任

協働システムは，物的・生物的，社会的および人的諸要因（自然，社会および人間環境）と，それらを統合する組織要因の複合体である（図1を参照）。

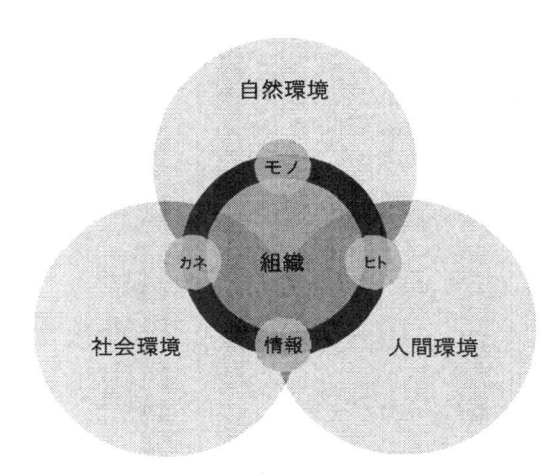

図1　諸環境（状況）と協働システム（出典 藤沼(2013)125頁）

協働システムは，その置かれた諸状況（諸環境）によって制約されつつも，状況の組織化を通じて経営資源（ヒト，モノ，カネ，情報等）として必要なものをそこから引き出してくることで，却って制約を積極的要因に転換し，当該組織固有の共通目的達成を目指して環境（状況）に能動的に働きかけながら，自己を生成しつつある過程である。

その中核を成す組織の生命力の維持は，「その体系の均衡を維持するに足るだけの有効な誘因を提供する能力」を意味する「組織の能率」に依存する。この観点から組織の機能は，誘因の原資となる①効用の創造，②効用の変形，③効用の交換，である。バーナードは「効用の交換という流れ」を「経済」と呼び，協働システムに物的，社会的，個人的経済および組織経済の四重経済を見出す。組織とその周辺の諸環境（状況）との間では，常に効用の交換が行われている。

組織の能率には，部分能率と創造能率があり，組織の持続には創造能率が重要となる。創造能率は，組織と諸環境（状況）間の収支についての，センス・釣合感の問題であり，異質的な諸部分の全体に対する重要な関係の問題である。しかし異質的な諸力の「効用をはかる共通の尺度はありえないから」(Barnard 1938, pp. 256-257, 翻訳書, 268頁)，全般的な管理過程は審美的，道徳的となり，その遂行には適合性の感覚，適切性の感覚および責任の能力が必要となる。ここに，協働システムをめぐる「全体と個のバランス」の問題を，「諸環境（状況）と組織との間の効用の交換の流れ」の問題として見出せる。そしてこの問題に応えるために責任能力が要請される。

責任（responsibility）は，「応答する能力 response ability」を意味する。「応答する」とは，何ものかからの呼びかけを想定しており，「応答する」には，少なくとも3つの契機がある。それは，①何ものかからの呼びかけに気づくことができるかどうか，②それに気づいたとして，それをどのように（消極的ないし積極的に）解釈・受容するか，③呼びかけに対して，当該主体がどのように行動するか，である。このように，責任問題とはまさにセンスの問題と密接不可分である。また，こうした応答過程に関わって，当該主体には応答の仕方（主体性の発揮の仕方）に自由度がある。

2．「経営の発展」としての「新たな道徳性の創造」

協働システムには，潜在的に，諸状況からの呼びかけがある。それが「道徳準則」と呼ばれる。協働システムには，潜在的に多様な道徳準則が渦巻いており，それらに対応して多様な責任も潜在する。そうした道徳準則に対して，主体的要因たる組織がどのように応答するのかという経験の蓄積の過程で，当該システムに固有の組織準則が生成されつつある。協働システムは，多様で複雑な道徳的制度へと成り行く。協働システムの諸状況への応答の仕方を規定するのが組織準則であり，組織準則の質が諸状況間の調整の質を規定し，創造能率の質を規定する。

人間の社会は，「生命の art」の発露である協働の拡大・精緻化を通じて，状況をより広範に人為化・改善し，当該組織固有の共通目的を設定し，その目的の実行可能性を高めてきた。またそれに伴って，協働に貢献する諸個人の自由度も高めてきた。しかしここに，諸状況と組織とが乖離し，コンフリクトを拡大させる危険性が潜む。協働システムは，当該状況によって生かされつつ生きる過程であるにも関わらず，諸状況の拘束性を超え出る自由を指向するので，諸状況と組織との調和を図る〈art としてのマネジメント〉が要請される。その中核に，バーナードは「新たな道徳性の創造」を据える。[3]

コンフリクトを解消するのに「新たな道徳性の創造」が必要となるが，それは潜在的に多様な道徳準則と組織準則とが調和可能な道徳性の創造であることが求められる。その条件としてバーナードは，「道徳的抱負の高さ」および「道徳的基盤の広さ」を挙げる（Barnard 1938, p.284, 翻訳書，297頁）。「新たな道徳性の創造」の成否は，この2条件の実現にかかってくる。

道徳的基盤は，「それは全世界からきたり，全世界に展開する。それは，ふかく過去に根ざし，未来永劫に向かって」（Barnard 1938, p.284, 翻訳書，296頁）開かれている。つまり道徳的基盤は，一定の空間的および時間的拡がりを有する。空間的拡がりとは，共時的に見てどれくらいの範囲の諸力（状況）を考慮するのかという問題に関わる。また時間的拡がりとは，通時的に見て，現在にのみ配慮した衝動的な「動機」を禁止・統制・修正して，現在を生きる当該主体を過去および未来という時間的拡がりの中に位置づけながら，諸力（状況）をどのように考慮するのかという問題に関わる。「新たな道

徳性の創造」を通じて，組織と諸状況（環境）との間の新たなバランスの確立が目指される。それは，より多様な諸状況（環境）のより一層の満足と調和可能な〈artとしてのマネジメント〉の「質的向上」である[4]。これが，「協働の発展」，つまり「経営の発展」となる。言い換えれば，矛盾・対立する諸力の新たな組織化のパタンの創造という「起動力の革新」が，「経営の発展」を意味する。これは必ずしも「経済的発展」を意味しない。ましてや「経済の量的拡大」を意味しない。

3．四重経済に見る「能率優位」と「道徳的基盤の拡がり」の意味

　以上から，バーナードが「組織の能率」を，「組織の有効性」以上に重視していることがわかる。その意味を理解するには，時間的拡がりとの関連で，「有効性」と「能率」を区別することが重要である。有効性とは現在に立脚する「目的」の達成度であり，〈現在〉の問題である。他方で能率とは満足の獲得であり，有効性の達成過程の結果，つまり〈未来〉の問題である。協働システムの場合で言えば，組織の有効性とは，いま・ここで・現に協働している〈協働の現在〉である。他方で〈協働の未来〉とは，「協働に参加する個人が，人間としての主体を回復する瞬間に訪れる」（村田 1984，91頁）。〈協働の現在〉において経営資源として客体化された諸力は，〈協働の未来〉での成果分配（主体性の回復・能率の獲得）を期待して効用の交換を行っている。

　「能率優位」が意味することは，「協働の持続可能性」にとって，〈協働の現在〉に固執せず協働の〈過去－現在－未来〉を継起させることの重要性を，逆に言えば〈協働の現在〉に固執することの危険性を，示している。〈協働の現在〉への固執は，「当該組織目的の達成」という特定の有効性の観点から客体としての諸状況を評価・配慮する傾向を強化し，諸状況への応答の仕方の固定化・惰性化を，つまり組織準則の空間的・時間的狭窄化を招く危険性を孕んでいる。その結果，当該組織を取り巻く諸状況とのコンフリクトのリスクも高まってくる。だからこそ，「協働の持続可能性」を高めるために，空間的・時間的拡がりの中で諸状況と調和しうる「新たな道徳性の創造」を中核とする〈artとしてのマネジメント〉の質的向上を通じた「組織の能率」確保が問われる。

また，こうした各種協働に参加することで諸個人は，そこにおける「諸力の組織化のパタン」（組織準則）を参照し部分的に内面化することで，却ってより個性的な各自の「諸力の組織化のパタン」（個人準則）を形成・発展させ，より個性的な個人へと成長していくことも可能となる。協働は，われわれ個々人および文明の存立基盤であり，それぞれの発展の契機ともなる。
　以上の考察を基に，改めて「より大なる利潤，規模的拡大を追求する経営」を指向する現代経営学および現代経営の状況を，ひいては現代文明の状況を検討する。

Ⅳ．現代経営学および現代経営の陥穽
――3つのジレンマとの関連で――

1．背景としての経済的力の権威化とその問題性

　協働に貢献することを通じて自由度を増大させてきた文明化された人間社会は，2種類の強制（compulsion）との格闘に直面する。それは，食物や暖かさ，住居などの自然的な必要性と協働行為という社会活動を調整する必要性である（Whitehead 1933, p. 69, 翻訳書，93頁）。協働の拡大・精緻化を通じて，自然的な必要性の制約は軽減されつつある―しかしその結果として，新たな自然環境からの脅威が顕在化してきている―が，むしろ社会活動を調整する必要性，すなわち〈artとしてのマネジメント〉の必要性はますます高まりつつある。文明化された人間社会における「調整」として，ホワイトヘッドは2つの形式，つまり「力 force」あるいは「説得 persuasion」を指摘し，文明化の過程を「力から説得へ」と特徴づける（Whitehead 1933, p. 83, 翻訳書，112頁）。ここで，力とはそれぞれの文明をそれらが継承された秩序形態から駆逐する無感覚的な作用者を意味し，説得は明瞭にされた信念・意識的に公式化された理想の力である説得的な作用者を意味する[5]（Whitehead 1933, pp. 5-6, 翻訳書，6-7頁）。説得には，「当該の文明社会においてはいまだ実現されていない理想や目的を先験的に予見し，これを言語的に定式化して文明社会に提示するという仕方で，既存の秩序や慣例を超え出て新しい協働形式を実現しようとする冒険的な理性の働きがある」（村田　2013，157頁）。

説得の顕著な例として，ホワイトヘッドは〈商業 Commerce〉を挙げる[6]。ここで〈商業〉とは，物質的な商品の交換やそのための生産といった物質的な事物の範囲を超えて，「人類の商業には，相互説得によって進められるあらゆる種類の交換が含まれる」（Whitehead 1933, p. 70, 翻訳書, 94頁）。〈商業〉は，「異なった生活様式，異なった技術，異なった思考法をもった人間集団を集め」（Whitehead 1933, p. 84, 翻訳書, 114頁），「地域を異にし，民族を異にし，仕事を異にした人々が，自由な説得という基盤で一堂に会」（Whitehead 1933, p. 84, 翻訳書, 114頁）することを可能にする。

〈商業〉の典型として，「市場経済」を見出せる。この「市場経済の極端なまでの人為性」（Polanyi 1944, p. 77, 翻訳書, 127頁）の人類史上における特殊性と問題性を「悪魔のひき臼」と評し根源的に批判した人物として，K. ポラニーが挙げられる。ポラニーが市場経済を批判する論理は，「本来的商品 real commodity」と「擬制商品 fictious commodity」という区別に拠る。ポラニーにとって商品とは，「市場での販売のために生産された品物」（Polanyi 1944, p. 75, 翻訳書, 124頁）であり，これが本来的商品である。ところが市場経済において，本来的商品ではない労働や土地，貨幣までもが，あたかも商品であるかのように擬制される点が決定的に重要である（Polanyi 1944, pp. 75-76, 翻訳書, 125頁）。

擬制商品を生じさせた「市場経済の極端なまでの人為性」は，人間や自然の本性から乖離し調和の破れた病的な「経済」へと進展していく危険性を孕んでいた。19世紀に出現した市場経済は，それ以前の市場とは異なり，「経済が社会的諸関係の中に埋め込まれているのではなく，反対に社会的諸関係が経済システムの中に埋め込まれているのである」（Polanyi 1944, p. 60, 翻訳書, 100頁）。「力から説得へ」を象徴する〈商業〉の典型である市場経済は，伝統的諸社会からの諸個人の解放をもたらすが，他面ではそれ自体の慣例化・惰性化が，新たな強制や暴力へとも成り得る。

2．市場経済化の過程における社会や起動力の変容

市場経済化の進展は，企業のような経済的協働だけにとどまらず，その他の協働システムおよび諸個人までもが「経済」に従属することを自明視する

ような事態（経済的権威の確立・維持）をもたらす。そこには，協働システムにおいて本来的には共通の尺度がありえない四重経済を，「経済（貨幣）」的観点から判断すべきものとして擬制する危険性（具体性置き違いの誤謬），が孕まれている。

市場経済が登場するまで「経済的諸活動はほとんどまったくといっていいほど個人的で地域的であり，そして特定地域の慣習によって大いに左右されていた」（Barnard 1936, p.41, 翻訳書，59頁）が，経済的権威の確立・維持の過程は，その状況を変えていく。伝統的諸社会（第一次非公式組織）から解放される諸個人は，専門化が進む大規模協働システム―企業をはじめ，行政機関や専門家集団など―の内部で，個々人の活動の多くが為されるようになる。そうなると，人々の主要関心事の焦点が，特定の協働システム内部での特定公式組織やそれに付随する第二次非公式組織に向けられる（Barnard 1943, p.147, 翻訳書，148頁）。当該組織固有の組織準則が，人々の諸活動を大いに規定するようになってくる。しかもその基底には，経済的権威が潜んでいる。

市場経済化の進展は，起動力を社会的諸関係から切り離し，「経済」への従属の自明化を促し，しかも諸個人を「特定協働システムという全体」内部の関心事に焦点化するよう促す。こうした事態は，全体と個のバランスの変容の問題を，そして道徳準則と責任の変容の問題を孕んでいる。

3．全体と個のバランスの問題――メイヨー文明論との関連で――

G. E. メイヨーは，人類史を鳥瞰する時，社会をひとつの「協働システム」と捉え，そこにふたつの協働の型を見出していた[7]。第1は恐怖（fear）と強制（force）による協働であり，第2は理解（understanding）と強制とは異なる意志（will）に基づく協働である。どちらの型も協働する意志を有するが，第1の型は，ある特定の社会集団に属する人々が，他の社会集団に対してあるいは自然の未知なる力に対して恐怖を感じ，未知なる他者や自然への恐怖の感情に由来して相互に結びついた「強いられた協働」である。他方，第2の型は，社会集団に属するすべての人々が，有効なコミュニケーションを通じて，互いをそして直面する状況を理解したうえでの，自らの意志に基づいた「自発的協働」である。どのような社会にあってもこれらふたつの協働の型が

相互に絡み合ってひとつの協働システムを構成しているが,「文明化された社会」における協働は第2の型に基礎をおくようになる。

しかし, この二世紀ほどの間に協働のあり様が変容してきている, とメイヨーは把握する。それは大規模な経済的協働の台頭であり, そこに見出される〈artとしてのマネジメント〉をメイヨーは「知性偏重経営 intelligent management」と名付け, 文明論的観点から批判した (Mayo 1945, 藤沼 2013)。その特徴は, 協働システムに潜在する多様な状況の具体的な個別性やそれらに由来する諸道徳準則を無視あるいは軽視し, それよりも組織準則を優先させ, ひたすら当該組織固有の目的の実行可能性(組織の有効性)を追求する「組織の不寛容」をひき起こす点にあった。その結果, 諸状況と組織との乖離が甚だしくなり, 全体と個のバランスを欠くものであった。こうした経営実践および経営学の主潮流は,「具体性置き違いの誤謬」を犯し, 強迫観念的に組織目的を過度に強調するあまり, 潜在する諸他の道徳準則を抑圧し, 組織目的との間で「調和の破れ」をもたらす危険性を孕むものであった。

知性偏重経営では経済的要因が過度に強調された。それは, バーナードが言うところの「効用の交換の流れ」としての経済を, 貨幣的に評価される意識的交換面へと矮小化することを意味した。しかも「組織の能率」よりも「組織の有効性」を優越させ,「基本的に, 相手方の要求するものを与えないものは, 自分の希望するものを入手できない」という四重経済の原則に反して,「相手方の価値において, できるだけ少なく与え, できるだけ多く受け取るという考え方」を採り, 悪い顧客関係, 悪い労働関係, 悪い信用関係, 悪い原料関係, 悪い技術の根源ともなっている (Barnard 1938, pp. 254-255, 翻訳書, 265-266頁)。そのことが, ①環境問題, ②文化多元性の問題, ③人間性の問題, といった現代経営学の文明論的諸課題の起源ともなっている (村田 1995)。

4. 権威の確立と維持の問題
——「オーソリティのジレンマ」との関連で——

バーナードは「オーソリティのジレンマ」として, それは「個人のイニシアチブと能力を破壊することなく全体として社会的協働の量が増加されるように, そして, 大きな社会的諸力のどれかひとつがその他のいずれかの諸力

に対する人為的な支配を社会的行為によって得ようとする企てを防止するために，いかにオーソリティとレスポンシビリティを配分するか，である」(Barnard 1936, p.38, 翻訳書, 55頁) と述べる。オーソリティには，客観的権威および主観的権威というふたつの次元があることを想起すれば，それぞれの次元において，個と全体との同時的発展を促しかつ諸力間のバランスを確保するために，いかにオーソリティとレスポンシビリティを配分するかが「オーソリティのジレンマ」である。このジレンマに対してバーナードは，人類は歴史上，それぞれに対応するふたつの社会的発明を果たしてきたと指摘する。第1が客観的権威に対応する「オーソリティ（権限）の委任」であり，第2が主観的権威に対応する「オーソリティ（権威）の配分」である。これらはそれぞれ，庭本（2006）が指摘するふたつの自由に対応させて考えられる。

　第1の「オーソリティ（権限）の委任」は「秩序の下にある自由」あるいは「ノモスとしての自由」に対応して，〈協働の現在〉において，特定の組織準則を遵守して責任を果たす中で生じる権限の問題と関わる。特定の秩序の下で，当該組織の有効性の範囲内で，個人の能力を伸長させる方向で，諸力あるいは組織貢献者に対してどのように権限と組織に対する責任を附与するか，諸個人にどれほど主体性・自律性を認めるのか，という問題を内包する。これは，究極的には組織の有効性に関わる。第2の「オーソリティ（権威）の配分」は「ピュシスとしての自由」の一面をなす「道徳的創造としての自由」あるいは「意味の創造としての自由」に対応して，〈協働の未来〉において，〈世界〉に渦巻く物的，生物的，人的および社会的諸力の各々に対して，どのように権威と組織の責任をウェイトづけするかという「権威の革新」や「組織の責任の受容の仕方」の問題を内包する。これは，究極的には組織の能率に関わる。

　こうした観点から経営学の史的展開過程を概観するとき，およそ経営学の歴史は主として「オーソリティ（権限）の委任」の精緻化の歴史である，と言えよう。その典型が目標管理や分権化であろう。それは，過度に経済的要因が強調された組織の有効性の範囲内において，個人の能力を伸長させる方向で，諸個人にいかにより多くの権限と組織に対する責任を附与するかに関わる工夫の歴史である。その帰結として，経営学あるいは経営実践の主潮流

は，協働システムにおける経済的側面を過度に強調する既存の権威の革新をではなく，むしろ既存の権威の所与視あるいはその強化を促進してきた。

5．寛容の確保の問題——多様性をめぐる議論の底流——

メイヨーによって知性偏重経営として批判された近代経営は，確かに多様性を無視あるいは排除して，ひたすらに「より大なる利潤，規模的拡大を追求する経営」であった。しかし今日，現代経営学および現代経営においては，多様性を尊重しようとする動きが顕著である。その典型が，環境志向経営や企業の社会的責任，ダイバーシティ・マネジメントの議論であろう。

しかしここにも，組織目的を実現させる上でそうした諸力に配慮し多様性を確保した方が，言い換えれば諸力に対して寛容である方が効果的である，という主張が見受けられる。それは結局，組織の有効性優位の〈協働の現在〉の内部において，多様性や寛容の確保が組織の有効性を達成する上で必要な限りにおいて，配慮されるに過ぎない。経営資源として客体化された多様な人材をはじめとする諸力は，より多くの配慮を得るとしても，あくまでも経済的権威に規定された当該組織の有効性の観点から一面的に評価され，部分的な満足を得るに留まる危険性がある。

V．むすびにかえて

「より大なる利潤，規模的拡大を追求する経営」（学）の特徴は，「協働の学としての経営学」の観点からすれば，〈組織の有効性〉優位の立場に立ち，全体と個のバランスを欠き，強迫観念的に経済的権威を誇張し，それ以外の権威の可能性に対して不寛容である点にある。しかし今日，組織目的達成にとって効果的な限りにおいて，権限を委任し，多様性に対する寛容の態度を示すようになってきている。ただしその底流には，依然として経済的権威に規定された〈協働の現在〉の肥大化—諸力の〈協働の現在〉への包摂—という事態が進行している。協働をめぐる潜在的に多様な諸力は，組織の有効性の観点から，当該組織にとっての客体として，経済（貨幣）的に評価される一面的・部分的な取り扱いにとどまる危険性を常に孕んでいる。

人間協働の原型が「生活」（活きて生きる＝よりよく生きる）にあることを想起すれば，われわれの「生活」は経済的要因のみならず様々な側面を有することが直ちに了解できよう。小笠原は，協働システムを〈協働「生活」体〉と把握する。従来の経営学あるいは経営実践の主潮流の帰結として，われわれの「生活」は物質的・経済的豊かさを享受している反面，〈協働「生活」体の部分化〉，ひいては〈個人「生活」の部分化〉をもたらしている（小笠原 2004，小笠原 2013）。そうした事態への反省が，近年のワーク・ライフ・バランスの議論として顕在化してきていると言えようか。[8]

今後の経営学に期待されることは，現代社会における強力な経済的権威の自明性を問い直し，〈組織の有効性〉優位の〈協働の現在〉の肥大化の意味を相対化することである。従来の経営学の主潮流が内包する問題性に起因する文明論的諸課題に応答するために，社会進歩における不変のジレンマ―①全体と個のバランスの問題，②権威の確立と維持の問題，③寛容の確保の問題―に視座を据え，諸状況と調和可能な，よりよい人間協働（経営の発展）の可能性を問い続ける必要がある。ここに，「協働の学としての経営学」が要請される。

注
1) 山本・加藤（1997）「第4章 経営発展の意義とその基礎過程」も参照。
2) 山本・加藤（1997）ではそうした理性を，「経営理性 management reason」と呼ぶ（47頁）。
3) 庭本（2006）はここに，最高の「積極的自由」である「意味の創造としての自由」を見出す（庭本 2006，99頁）。庭本はバーナードの責任に関わる言説の中に，2つの自由を見出す。ひとつは，「秩序の下にある自由」，「ノモスとしての自由」，即ち「道徳性を遵守して責任を果たす中から生まれる倫理的自由」である。もうひとつは，「ピュシスとしての自由」の一面をなすもので，秩序ないし基準である道徳準則の創造，即ち「道徳的創造としての自由」であり，視点の決定あるいは「意味の創造としての自由」である（庭本 2006，100頁）。
4) 村田（1995）は，こうした道徳の創造を，歴史的均衡（過去・現在・未来にわたる均衡），文明論的均衡（宗教・政治・経済に関する権威と寛容の確保），そしてさらに階層的均衡として整理している（村田 1995，62頁）。
5) ホワイトヘッドは無感覚的な作用者および説得的な作用者について，古代ローマ帝国時代における〈蛮族とキリスト教〉や近代西欧社会における〈蒸気と民主主義〉を例として挙げる。
6) Commerce の訳語について，訳注がある。「ここで商業と訳したのは commerce であって，trade や business が商業活動を指すのに対して，さらに広い意味の交渉，霊的交渉の意味にも用いられる。」（『観念の冒険』430頁，訳注2）
7) メイヨーはバーナードの「協働システム」概念を高く評価し，援用している。（Mayo 1945, pp. 47-48, pp. 113-123, 翻訳書，64-65頁，155-170頁）や（Mayo 1947, p.6），（桜井 1968）も参照。
8) しかし，この表現に強い違和感を覚える。なぜライフよりもワークが先に表記されるのか。そ

そもそもワークはライフの一部なのに，なぜライフから抽出されるのか。

参考文献

Barnard, C. I. (1936, 1986), "Persistent Dilemmas of Social Progress," in *Philosophy for Managers: Selected Papers of Chester I. Barnard*, edited by Wolf, William B. & Iino, Haruki, Bunshindo.（「社会進歩における不変のジレンマ」W. ウォルフ・飯野春樹編，飯野春樹監訳・日本バーナード協会訳『経営者の哲学―バーナード論文集―』文眞堂，1986年。）

Barnard, C. I. (1938, 1968), *The Functions of the Executive,* Harvard University Press.（山本安次郎・田杉競・飯野春樹訳『経営者の役割』ダイヤモンド社，1968年。）

Barnard, C. I. (1943, 1948), "On Planning for World Government," in *Organization and Management: Selected Papers,* Harvard University Press.（「世界政府の計画化について」飯野春樹監訳・日本バーナード協会訳『組織と管理』文眞堂，1990年。）

Mayo, G. E. (1945), *The Social Problems of an Industrial Civilization,* Harvard Business School.（藤田敬三・名和統一訳『アメリカ文明と労働』有斐閣，1951年。）

Mayo, G. E. (1947), *The Political Problem of Industrial Civilization,* Harvard Business School.

Polanyi, K. (1944, 2001), *The Great Transformation: The Political and Economic Origins of Our Time,* Beacon Press.（野口建彦・栖原学訳『(新訳) 大転換―市場社会の形成と崩壊―』東洋経済新報社，2009年。）

Whitehead, A. N. (1929), *The Function of Reason,* Princeton University Press.（藤川吉美・市井三郎共訳『理性の機能・象徴作用』松籟社，1981年。）

Whitehead, A. N. (1933, 1967), *Adventures of Ideas,* The Free Press.（山本誠作・菱木政晴訳『観念の冒険』松籟社，1982年。）

Whitehead, A. N. (1978, 1985), *Process and Reality, corected ed.,* The Free Press.（山本誠作訳『過程と実在(上)(下)』松籟社，1984年・1985年。）

小笠原英司（2004），『経営哲学研究序説―経営学的経営哲学の構想―』文眞堂。

小笠原英司（2013），「経営学の存在意義―いま，あらためて，経営学とは何か―」『経済系（関東学院大学経済学会研究論集）』第254集。

加藤勝康（1996），『バーナードとヘンダーソン― *The Functions of the Executive* の形成過程―』文眞堂。

桜井信行（1968），『(新版) 人間関係と経営者―エルトン・メーヨーを中心として―』経林書房。

庭本佳和（2006），『バーナード経営学の展開―意味と生命を求めて―』文眞堂。

野口建彦（2011），『K・ポラニー―市場自由主義の根源的批判者―』文眞堂。

藤沼司（2013），「メイヨー―人間関係論の思想的基盤―」経営学史学会監修・吉原正彦編著『メイヨー＝レスリスバーガー―人間関係論―（経営学史叢書Ⅲ）』文眞堂。

村田晴夫（1984），『管理の哲学―全体と個・その方法と意味―』文眞堂。

村田晴夫（1995），「バーナード理論と有機体の論理」経営学史学会編『経営学の巨人』文眞堂。

村田康常（2013），「経営哲学としてのホワイトヘッド文明論―共感の絆に基づく説得的メンタリティ―」経営哲学学会『経営哲学論集―市場の生成と経営哲学―』(第29集)。

山本安次郎・加藤勝康編著（1997），『経営発展論』文眞堂。

吉原正彦（2006），『経営学の新紀元を拓いた思想家たち―1930年代のハーバードを舞台に―』文眞堂。

4 経済学を超える経営学
——経営学構想力の可能性——

高 橋 公 夫

I．はじめに

　本稿は，統一論題のサブテーマ「経済学を超える経営学」をそのままタイトルとしている。副題として新たに「経営学構想力の可能性」とした。
　ここでは以下のことを検討している。まず，今後の経営学を展望するために，何故に「経済学を超える経営学」が検討されなければならないのか。そもそも「経済学を超える経営学」とは一体どのような課題なのか。なぜ今それが問題なのか，これらについて予備的に考察する。次いで，近年の経営学の経済学化ともいうべきいわゆる「組織の経済学」あるいは「新制度派経済学」を取り上げ，その意義と限界を検討する。他方，それとの関連で伝統的な経営経済学である個別資本説の技術論化の試みを再検討する。すなわち，近代経済学とマルクス経済学からの経営学化の試みを経営学独自の立場から総括する。内容的に十分な検討はできないが，それぞれの理論を経営学の立場から位置付けることにより，「経済学を超える経営学」の新たな道を展望することにしたい。
　おそらく，このような展望は学際的で思想的な展望とならざるを得ないであろう。つまり，統合的な人間存在の理論，人間協働の規範理論となるであろう。経済学的な経営学をも含めさまざまな個別的な経営研究を統合するような経営学独自の実践的な構想力（imagination, Einbildungskraft）が求められる。実践的な構想力というのは，現実対応的でありながら現実超越的な行動的構想力ということであり，経営学が当初より内蔵しているものであった。すなわち結論的に言えば，ドイツ経営学がその学問的自立を獲得するた

めに形成した規範論，理論，技術論という学派分類を統合する学問的構想力ということができる。三戸（1971）はドラッカーを論ずる中で，これら3つの経営学の側面を併せ持つ学問を「グローバルな理論」つまり「包括的な理論」と呼んだが，まさに新自由主義あるいは経営学の経済学化の後に，経営学に求められているのはこのような学問的構想力であろう。

II.「経済学を超える経営学」の系譜

「経済学を超える経営学」とはどういうことであろうか。一般の認識においても，経済学と経営学の区別はあいまいなままである。たとえば，学問の分類は研究教育組織の構成に反映されるが，近年は「経営学部」と独立しているケースが多いものの，かなりの大学でいまだに「経済学部経営学科」とされているところが少なくない。これは戦前に経営学が導入されたときに「骨はドイツ，肉はアメリカ」とされ，基本的な枠組みをドイツの経営経済学に求めたことによるところが大きい。その伝統が長らく経済学部の下位科目として経営学が位置付けられてきたということがある。また，世間の常識としても，経営とは企業経営であり企業は経済組織であるという理解から，経営学とは経済学の一部であると理解されてきたということがある。いずれにしても，経営学と経済学の関係は似て非なるというあいまいなものがあり，毎年の受験生や新入生にこの違いを説明するのに苦労するのである。

それでは，経営学は経済学とどう違うのか，そして経営学が経済学を超えるというのはどういうことなのであろうか。その課題は，周知のようにドイツ経営学の成立事情の中に初めから込められていた（Schönpflug 1933, 1954）。つまり，ドイツに商科大学が設立されてその主要科目として経営経済学（「私経済学」，「個別経済学」ともいわれる）が講義されることになったとき，国民経済学の立場から私的利殖に貢献するような学問はいらないという厳しい非難を浴びたのであった。これにこたえるために，経営経済学は単なる利殖学ではないということを弁明すべく規範学派，技術学派，理論学派という三様の行き方が提示され，経済学に対する経営学の独自性と独立性を主張したのであった。しかしながら，たとえば理論学派のリーガーの影響のもとに個

別資本説という独自の経営学を創始した中西 (1931, 1936) は，結局経営経済学とは経済学を超え得ないものであるという結論に達し，経営経済学の応用である経営技術論に転身した。つまり，経営経済学と経営技術学とは別個の学問であり経営学の固有の領域は経営技術論であるという立場にいたった。だがここでの経営技術とは，結局費用節約的な技術であり，経済学と無縁というわけではなかった。ただ，経営の目的を考える規範論の議論に関しては，経済学そのものから導き出されるものではなかった。

　他方，アメリカ経営学は実践的な経営技術論である経営管理論として成立した (Taylor 1911)。しかし，端緒となった議論は賃金論であり，賃金によって動く経済的人間を前提として科学的管理法は成り立っていた。したがって，人間関係論によって社会人仮説が提起されるまで「経済学を超える経営学」という問題意識はなかった。かかる問題意識を持ったメーヨー (1945) は，経済学を否定するという極端にまで走った。また，バーナード (1938) は実際の組織の理解を妨げているものとして，法的権威への偏重と経済的側面の誇張を取り上げ，自らは物的・生物的・社会的な諸要素からなる独特な個性的な存在（全人仮説）としての人間の行動を理論化し，それを前提として組織論的管理論を構築した。さらにマズロー (1954) やマグレガー (1960) は経済人・社会人より高次な人間的欲求によって動機づけられる「自己実現人仮説」の管理論への導入を試みるにいたった。

　このように「経済学を超える経営学」という課題は，経営学の当初よりのものであった。それではなぜ，改めて今日「経済学を超える経営学」ということが問題となるのであろうか。それは1980年頃からの新自由主義の台頭とともに経営学の経済学化が進んだからである。それではなぜ，新自由主義は台頭したのであろうか。私（高橋 2011）は，第18回大会での報告でこの点を明らかにしようとした。そこで次に，今回の論題に即して新たに論及しておきたい。

Ⅲ．経営学の経済学化——新自由主義の台頭——

　経営学の経済学化は，新自由主義の台頭とともに支持を広げてきた。それ

までメーヨーやバーナード以来，アメリカ経営学においては経済学的側面の過度の強調は発展を妨げるものであるとして，いわば「脱経済学」あるいは「脱経済人仮説」が唱えられてきた。たとえば，バーナードは「経済理論と経済的関心－必要欠くべからざるものではあるが－を第二義的地位にしりぞけてはじめて，組織およびそこにおける人間行動というものを理解しはじめたのである」(Barnard 1938, p. xi, 翻訳書，41頁)と言っている。ところが1970年代頃から，ウィリアムソン（1975）らのいわゆる「組織の経済学」や「新制度派経済学」が大きな流れとなり，それまでの経済学がブラックボックスとしてきた「組織およびそこにおける人間行動」の理解に「取引コスト」あるいは「エージェンシー・コスト」などによる分析が貢献することとなった。とはいえ，これらの理論の源流として指摘されているコース（1988）の議論は，戦前から戦後にかけて論じられてきたものであり（「企業の本質」〈1937〉，「限界費用論争」〈1946〉，「社会的費用の問題」〈1960〉），決して1970年代以降に突然に出現したものではなかった。それはちょうどハイエク（1949）らの議論が1920年代から30年代にかけて「社会主義経済計算論争」などによって展開されていたのに1970年代になるまでは主流とはなりえなかったことと軌を一にしている。つまりこれらの議論が迎え入れられたのは，経済社会の情勢がそれらの理論を求めるように変化したからであると考えられる。

　それでは，どのような経済社会情勢の変化がコースやハイエクなどの理論を迎え入れたのであろうか。私は第18回大会において，ドラッカー（1968）こそがこの情勢変化を見事に捉えていると指摘した。いうまでもなく，「断絶の時代」とされるドラッカーの時代認識である。それまでのドラッカーは『産業人の未来』(1942)で明らかにした商業社会から産業社会への非連続な発展を問題としていたが，ここではその産業社会から次の社会，知識社会への非連続を明らかにしている。それはもはや産業社会の中での非連続ではなく，新たな社会原理の模索であった。したがって，産業社会の原理としての大量生産の原理つまりフォーディズムの終焉を意味し，また大量生産にともなう専門化と統合からなる組織編制原理の改変であった。すなわち，組織は機械技術的な社会編制原理に従うばかりでなく，知識の様態を基盤とした組織編成原理に主として従うようになったのである。同じ組織社会とはいえ，両者

は大きく異なってくる。つまり，産業社会の組織は大規模な官僚制的編成とならざるを得ないが，知識社会においてはより機動的・動態的なものとなってくるのである。だから，組織の動態化のために多くの試みがなされてきたが，結局は組織の中に市場原理あるいは競争の原理を導入することにより組織の活性化を図るということになったのである。ハイエクは，官僚制的な設計主義は硬直的な経済運営とならざるを得ず，また必ず人知では予期できない不測の結果（三戸（1994）のいう「随伴的結果」）をもたらすことになると批判したが，それは意思決定のための具体的な即応的な現場的情報は中央管理機関によっては十分に収集し分析することはできない，という情報論的あるいは知識論的な根拠によっていた（「社会における知識の利用」Hayek,1949）。組織論そのものの中からも，サイモン（1945）は意思決定の最適解は不可能であり，限定された合理性の中での満足基準で行為する経済人の変種「経営人」を提唱していた。

　要するに新自由主義の台頭とは，それまでの産業社会において形成された官僚制的な組織社会に対する批判と知識社会への胎動の中から生起したものであるということができる。だから，突然に理由もなく出現したわけではなく，資本家たちによる陰謀であるとか，社会主義ソ連の凋落や崩壊などの結果ではなかった。それは資本主義そのものの発展過程において，公私にわたる組織が巨大化し非効率化するとともに，GMのローズタウン工場におけるストライキ〈1973〉に象徴されるように，豊かにはなったものの高学歴化した労働者にとって自由を実感できるような社会とはならなかったという情勢から生起したのであった。しかしながら，経済成長が頭打ちになってくる1970年代，特にニクソン・ショック〈1971〉，オイル・ショック〈1973・1979〉以降，大きく潮流が変わったということができる。こうした経済社会の情勢変化が，新自由主義と組織の経済学を迎え入れる時代的背景であった。つまり，それまでの経済学の理論体系に組織の存在をいかに組み込んでいくかという理論的課題が受け入れられるようになってきたのである。そのために，経営学の固有の問題領域と考えられてきた組織論の経済学化が起こり，経営学者もそれを逆導入するにいたったのである。経済学の経営学化あるいは経営学の経済学化ということができる。

私はこの間，1970年代後半から台頭する新自由主義的な思潮の意味について考えてきた。象徴的に言えば，サッチャー・レーガン政権の誕生とその施策の意義について理解しようとしてきた。たとえば，ウィリアム・G・スコットとデビット・K・ハートは1979年に *Organizational America* を出版し，その中で過度に組織化されたアメリカ社会の潮流が変わりつつあり，再び個人主義的なアメリカが復活しつつあると主張した。そしてアメリカの過度な組織化の代表的な思想家としてチェスター・I・バーナードを取り上げ，ドストエフスキーの「大審問官」にも比せられるべき組織的アメリカの守護者であると批判した。私は坂井正廣とともに（坂井・高橋 1981），『経営哲学の大転換』という表題で翻訳された本書を取り上げ批評した（「組織規範を超えるものは何か」『青山経営論集』第16巻第2・3合併号）。そこでは，バーナードへの評価は承認できなかったものの，アメリカの思潮の変化について学ぶところが多かった。たとえば，翻訳者の寺谷弘壬による図1は，新自由主義への思潮の変化を表している。それに対して，1982年に出版された三戸 公の『財産の終焉－組織社会の支配構造－』は，図2（三戸 1982, 103頁）のような傾向を指摘していた。ここには1970年代から進行しつつあった思潮の転換は見出されていない。ドラッカーが組織社会と規定した「産業社会」論の延長上に「財産の終焉」論は成り立っていて，「断絶」あるいは過渡的な財産中心社会の揺れ戻しである新自由主義の台頭という認識はない。だから新自由主義の台頭を，資本主義の対抗勢力としての社会主義の衰退あるいは崩壊に起因するものであるとして，社会主義の不在を惜しんでいる。1982年の著書

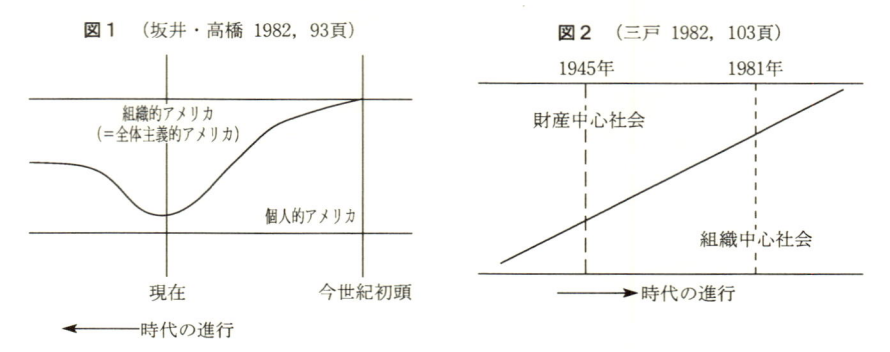

図1　（坂井・高橋 1982, 93頁）

図2　（三戸 1982, 103頁）

において は，社会主義への移行は「狼を追い出して虎を引きいれるような結果になるであろうことは……明らかである」（三戸 1982，193頁）としていたにもかかわらず，むしろ期待をかけるにいたっている。

なお，ドラッカーの「断絶」の時代認識は，「フォーディズム」から「アフター・フォーディズム」への非連続を主張するレギュラシオン学派（1976）の歴史観に影響を与えていると思われるが，彼らの議論にはドラッカーへの言及はない。なぜであろうか。

いずれにしろ，ここでは新自由主義の台頭にともなって経営学の経済学化が進んだということ，そして新自由主義は官僚制的な産業社会の非連続的発展あるいは修正資本主義の変質（ブレトンウッズ体制の崩壊，福祉の見直し，企業者活動の要請，脱工業化，知識産業化，グローバル化，民営化）にともなう断絶状況から過渡的に出現したものであるということを明らかにした。

IV．「組織の経済学」を超えて

ここでいう「組織の経済学」とは，第一に新自由主義とともに広まった取引コスト論とエージェンシー理論を指している。いずれも取引コストおよびエージェンシー・コストの節約というコスト節約的理論である。これらの理論の経営学における位置づけと限界を明らかにする。

次いでそれとの関連で取り上げたいのは，個別資本説と経営管理論との融合を目指すという馬場（1957）の試みである。つまり，馬場の試みは一種の「組織の経済学」をめざしたものであるということができる。「組織の経済学」の経営学による超克は，近代経済学とマルクス経済学の両者を乗り越えるものでなければならない。

1．取引コスト論とエージェンシー理論

菊澤（2006）はその優れた入門書『組織の経済学入門』において，主要な「組織の経済学」として取引コスト論とエージェンシー理論の他に，所有権理論を取り上げているが，これは所有の使用・収益・処分という各機能の帰属を問うものであり，コスト節約理論である前2者とは異なっている。ただ，

いずれの理論も限定合理的で機会主義的な行動様式を持つ経済人仮説を前提としている。つまり，それまでの経済学（新古典派経済学）が完全な合理性を前提としていたのに対して，より現実的な利己心に突き動かされた人間諸個人を想定していて，ほとんどこの仮説の中にこれらの理論の意義と限界は集約されている。

　すなわち，諸個人は自らの効用を極大化しようとするが，「情報の収集，情報の計算処理，そして情報の伝達表現能力に限界があり，『合理的であろうと意図されているが，限定的でしかありえない』（Simon 1961, p. xxiv)」（菊澤 2006, 20頁）という存在である。したがって，人は自らの効用極大化のためであれば（機会主義），情報の非対称性つまり偏り（限定合理性）をいいことに他人をだましてでも利益を上げようとする。だからそのように騙されないために，相当のコストをかけなければならない。たとえば市場における取引契約においては，まず信頼のおける交渉相手を見出さなければならず（探索コスト），ついで交渉に基づいて適切な契約書を作成しなければならない（契約コスト），また契約の履行においては実行を監視しなければならない（監視コスト）。どんな市場取引においても，これらのコストは多少ともかかってくることになるが，あまりにそれが負担と感じられる場合には，市場を回避した別の方法が講じられることになる。たとえば，生産活動においては取引コストの大小によって外注か内製かという選択がなされる。市場交渉における取引コストと自らが生産を組織する場合のコストではどちらが節約的かということになる。歴史的に言えば，問屋制手工業から工場制手工業（厳密には単純協業）への飛躍ということになる。つまり，手工業的技術としては変わらないとすれば，一つの作業場に集合して一つの指令のもとに作業をするというのは，取引コストより管理コストのほうが節約的であると考えられたからであるということになる。

　歴史的な観点は通常の取引コスト論では問題とされないが，要するに企業という組織はどうして形成されるのかという議論であり，取引コスト論の出現自体が産業社会の発展による企業組織の官僚制化に伴って出現したものであった。またエージェンシー理論は，官僚制化した企業組織における専門経営者支配に対する懐疑から生まれてきたものであるということができる。い

うまでもなく，法的には企業は株主のものということになるが，経営は必ずしも株主が担うわけではなく専門的経営者に委任される。したがって，プリンシパルである株主は，エージェントである専門経営者が株主の意向通りに経営をし，不正などのモラルハザードを起こさないように監視しなければならない。専門的な知識と実際の現場的知識を持っている（情報の非対称性）専門経営者を監視するために，株主が払うエージェンシー・コストはかなりのものとなる。だから，それをいかに節約した監視システムを作るかが，コーポレート・ガバナンスや組織構造構築の課題となる。

同様のプリンシパルとエージェントの関係は，さまざまな債権者と経営者との間，経営者・管理者と従業員との間，あるいは政府や社会と経営者との間などにも当てはめて捉えることができる。いずれにしても，エージェントの不正や非効率な行動をプリンシパルが監視することができないことからくる追加的コストの節約が問題なのである。このエージェンシー・コストは取引コストとともに，組織の経済学の中心概念である。なぜこのような追加的コストがかかるかといえば，この理論の人間行動仮説が限定合理的で機会主義的なものであるからである。個人利益の効用極大化を求めながらも全知ではありえず，完全には合理的な決定ができないという人間の認知的限界が，こうした監視的コストを必要とさせるのである。そして，市場取引にはこうした取引コストがかかるために，それを節約しようとして組織が生成するとされる。また，専門経営者への職務委譲に伴うエージェンシー・コストが新たなコーポレート・ガバナンス論を形成するにいたった。いずれも時代の要請にこたえたすぐれた理論的問題提起であったということができる。

しかしながら，限定されているとはいえ，個人行動の効用極大化を図る経済人仮説であることに変わりがない。ただ市場における個人行動の合理性に限界があることから，それを補うために組織が生み出され，コーポレート・ガバナンスなどの制度が構築されるというに過ぎない。そこでの人々の行動は，相変わらず利己的な効用極大化を図る経済的合理性の追求である。だから，個々人が効率的だと思う行動が取引コストやエージェンシー・コストのために全体的あるいは社会的には非効率であったり，逆に全体的社会的には効率的となることが，個々人にとっては必ずしも効率的とはみなされずに実

行されないということが引き起こされるのである。菊澤はこれらの現象を「不条理」と呼んでいるが、決して不条理などではなく、限定合理的で機会主義的な人間仮説、つまり非効率的であっても反倫理的であっても個人の効用極大化のためであれば何でも行うという人間行動仮説からの当然の帰結である。したがって、こうした議論が最後になされるということ自体が、この理論の経営学としての限界を示している。なぜならば、経営学にとっては「個別効率性と全体効率性との不一致」をいかに統合するかということこそが、本質的な基本的課題であるからである。それが「不条理」とされているようでは、経営学の立つ瀬はない。言い方を変えれば、経営学とは一見不条理を扱う学だということさえできる。つまり経営とは、経済的には非合理的であるとみなされるようなあらゆる価値観から、個と全体をいかに機能的に統合するかという営みなのである。「組織の経済学」でいう限定合理性の限定内容とは単なる残余概念でしかなく、個人や組織の効用極大化にとって合理的でないものはすべて非合理的要素とされて吟味されることはない。要するに、組織の経済学は限定合理的で機会主義的な人間行動仮説に伴う取引コストやエージェンシー・コストなどの追加的コストに対して、制度的組織的に対処するということであり、あくまでも経済的価値観を超えるものではなかった。それは経営学にとっては有効なツールではあっても、中心的な議論とはなりえないものであった。

2．個別資本説と経営技術論の融合

マルクス経済学からする「組織の経済学」の試みは、馬場（1957）の個別資本説と経営技術論の融合の主張に代表される。戦後日本の経営学会は、アメリカ経営学の圧倒的な流入にどのように対処するかが課題であったが、そのために経営経済学とくに個別資本説は4つの方向性を打ち出すにいたった（三戸 1968）。つまり、経営経済学と経営管理論の並存、あるいは融合、またはそれぞれの純化であった。そのうち、経済学への経営管理論の包摂という「組織の経済学」と同様の問題意識を持つものは融合説であろう。中西寅雄が個別資本説は結局社会経済学の一部たらざるを得ず、経営学の絶対的独立はないと結論して、それとは別個に経営技術論の立場をとったのに対し、馬場

克三は両者の融合を唱えたのである。その場合に，それぞれの立場を左右したのが個別資本概念に意識性を認めるか否かの問題であった。中西は自然科学的な法則科学である個別資本説に意識性は含まれないとしたために，個別資本の経営的把握を放棄し，それとは別に経営経済学は個別資本の運動法則を意識的に適用する経営技術の学であるとした。だから中西は『経営経済学』(1931)に引き続き『経営費用論』(1936)を著し，「経営者の意識に反映せる姿容において」，「費用，収益，利益の関連過程」を明らかにするとした。要するに，意識性を含まない個別資本と，意識性を含みそれを中心に展開される経営技術論（会計学）とが，関連性はあるものの並存されることとなるのである。

それに対して，馬場克三は中西の抽象的な個別資本概念を段階的に具体化することによって，個別資本と経営技術は融合することになると主張した。つまり，個別資本が社会的総資本とほぼ一体的に捉えられる第1段階から，社会的総資本を多数の個別資本からなるものと捉える段階，そして平均利潤率の支配下におかれた多数の競争する個別資本という第3段階，さらに同一産業部門内における競争，つまり超過利潤の可能性を考慮に入れる第4段階にいたる。ここにおいて，初めて「価値，剰余価値の代わりに，費用価格，利潤」すなわち経営者の日常的に意識される思考様式が形成されることになる。そして最後に，自己資本と他人資本の分離，すなわち貸付資本の成立という第5段階となる。馬場によると，経営学は少なくとも第4段階において規定されるべきであるとされる。中西の個別資本概念は第2段階に留まっていて，単に社会的総資本の分割された一小部分でしかなく，社会的総資本の経済法則に一方的に翻弄される存在と捉えている。また，中西によると第3段階以降の競争の論理は「個別的諸資本の相互の縺れ合い」と捉えられ，その全体が社会的総資本の運動とされる。したがって，超過利潤の獲得のための個々の企業者による独自の戦略的対応は考慮されていない。

さて，取引コスト論，エージェンシー・コスト論をこの段階論に当てはめてみると，競争によるコスト優位を意識させる個別資本の第4段階以降の課題であるということになる。企業は超過利潤を求めてコストを切り詰め，競争優位を形成しようとして取引コスト，エージェンシー・コストを節約する

組織や統制を構築するのである。ただしその場合に，次のようなことが言えるであろう。市場における取引コストの合理化はいずれ独占を形成し，社会的非効率をもたらすであろうということである。菊澤が「不条理」と呼んだ「個別効率性と全体効率性の不一致」とは，まさに社会的生産の無政府性を言い換えたものに過ぎない。さらにその不一致を克服しようとすれば，究極的には個別資本が一つの社会的総資本となるような計画経済の段階にいたるであろう。しかし，そうした経済は共産党の一党支配のように，プリンシパルである労働者人民のエージェンシー・コストが無限大となるために，実現されたとすれば独善的な専制政治となるであろう。

ところで，「存在は意識を規定する」という言葉があるが，馬場によると，中西が「経済活動の意思的意識的統制的性質を否定される論拠」として「意識，意思，統制ということの社会経済的被制約性の一面を強調」していることに関連して，次のように言っている。「いま個別資本のなかには……可能的不調和が内在しているとしよう。しかし，企業家にとってはかかる矛盾は意識されないのである。しかも，*それが意識されないが故に却って*，企業家のとり行う『経済活動』は，*逆に*意思的自由ある統制的，計画的，意識的のものと企業家には観ぜられることになる。かかる観念が社会経済的に見て全く錯覚であるとしても，それは確かに*企業家的現実*である」（馬場 1957，40-41頁，傍点は原文）。要するに「企業家の意識の層において捉える」ということは，このような存在と意識のギャップをも引き受けるということであり，かえってここに新たな経営学的な構想力の可能性が見出されるのである。

V. 経営学構想力の可能性と危険

馬場のいう第4段階以降において，経営学が個別資本を「企業家の意識の層において捉える」ということは，企業は市場の経済法則から受動的に制約を受けるというだけでなく，能動的に市場に打って出るということ，つまり戦略的裁量的に対応することを意味する。その競争戦略は成功するかもしれないし，失敗するかもしれない。いずれにしても，企業家の意識の層においては，多少とも実在的な経済法則を無視するか，あるいはそれからずれた認

識に基づいて決断されざるを得ない。それは決して機会主義的というわけではなく，機会主義的にふるまうこともできるし，むしろ全体への影響を考慮して利他的に行為することもできるという可能性である。要するに，価値判断を伴った裁量的な経営構想が必要となる。経営学が経済学を超えるというのは，こうした可能性を切り開くことである。もちろん，企業経営が厳然たる経済法則に規定されざるを得ないことは言うまでもないが，にもかかわらず，企業経営は必ずしも経済人仮説のように利潤の極大化のみを求めるものとは限らない。少なくとも最低限の損失回避さえ考慮すれば，存続は可能である。つまり，企業経営においては，費用補償経済と利潤極大経済との間で企業者の裁量の余地がありうるということである。だから，ドラッカーが利潤極大化経済を最小限の費用補償経済に引き移して論じたのは，必ずしも利潤追求をカモフラージュしたとはいえないのである。

　先にも取り上げたが，ドイツ経営学は当初より利潤追求学という非難から免れようとして，規範学派，理論学派，技術学派という3つの学派分類を形成してきた。そのうち実践的な経営学にとっては技術的な要請を持つことは明らかであり，またそれに新たな科学的知見を提供する理論学派の行き方もはっきりとしている。それに対して，いまだその扱いが疑問視されるのが規範学派の行き方であろう。なぜなら，前2者がいかに実在と一致するかという認識であるのに対して，後者は実在とは必ずしも一致していない意識や観念を問題とするからである。むしろそのような意識や観念によって，実在を規制し，さらには創造さえしようとするものだからである。だから実証的な考え方からすると胡散臭い議論だということになる。しかし，担い手の意識の層において論じる経営学にとっては，不可欠な議論であるということができる。経済学においてはすべてが経済的価値観，経済人仮説の中で問題を処理すれば十分である。たとえ限定合理的で機会主義的であっても，結局は費用節約的な効率性こそがいわば規範である。それに対して経営学の場合には，費用補償経済を条件としてさまざまな価値観に基づく目的設定が可能となる。このような本来的に規範的な経営行動を対象とする経営学であればこそ，規範学派は主張されたのである。したがって，経営学は理論，技術とともに規範をも含めたダイナミックな構想的学問として確立されなければならない。

しかしながら，規範的な構想の学は，実在と一致しない意識や観念を扱うものであるから，極めて危険な性格をも持つものであるということができる。一つには，理想を追うあまり現実の批判が過度に破壊的な作用を及ぼすということ，また，もはや現実に適応しなくなった規範に固執することによって現実を覆い隠すという作用である。マルクス主義や新自由主義をはじめとして多くの理想主義がこれらの陥穽に陥っている。マンハイムは前者をユートピア，後者をイデオロギーと呼んでいる。いずれも実在から乖離した意識や理念の一筋縄ではいかない働きを捉えている。「イデオロギーの終焉」と言われて久しいが，ソ連の崩壊によってそれは現実のものとなった。にもかかわらず，イデオロギーのユートピア的部分だけでも救い出そうということがあってはならない。それは市場主義的な新自由主義においても同じである。だが，マンハイムが危惧しているのは，むしろユートピアの消失である。彼はいう。「ユートピア的なものの完全な消失は，全体としての人間の生成の形態を変えることになろう。ユートピアの消失は，人間が物となるような，静的な即物性を成立させる。……ユートピアのさまざまの形態の消失とともに，歴史への意思と歴史への展望とを失う」(『イデオロギーとユートピア』)。われわれは，経営学が規範論を内包することによって，現実批判的であるとともに建設的なユートピア的構想力を可能とするような社会科学であるべきであると主張する。それは非常な危険をも孕むものであるから，さらに覚めた現実認識の上に構築されなければならない。つまり，経営における規範の学は，同時に厳然たる理論や技術に支えられなければならないということである。

コメントへのリプライ
　風間信隆教授は，私の議論に対して「『意識性』だけで経営者の『裁量性』があると主張しているにすぎない」と批判された。確かに個別資本に意識性を認めることと裁量性の議論とは別である。たとえば「自由とは必然の洞察である」という言葉があるが，このような自由は裁量的であろうか。もしここでいう必然が一枚岩的なもので何の要素的判断をも許さないものであり，唯一の行く末を示すようなものであれば，そこに裁量性の余地はないであろう。意識面で裁量的であると考えられた行為であっても，結局は必然性にからめとられていたということになる。しかし，そのような一元的な必然性，歴史の必然性はない。人間の認知限界からしても，そのような必然性は見出されないであろう。だから一つの必然性を意識すれば，他の必然性には思いが致らないために随伴的な結果がもたらされるということにもなる。したがって，意識性には必然性の洞察以前にいかなる必然性の洞察かという選択，つまり裁量性が伴うのである。ウェーバーは意識・観念の転轍手的機能を指摘している。つま

り，意識が存在を超越するような覚醒がある。こうすればこうなるだろうからあらかじめこうしよう，というような想像力が働く。あるいは，こちらからはこう見え，あちらからはこう見えるから全体はこうであろうという構想力が働く。いずれも存在に拘泥する実証精神によっては見出されない意識作用である。カントは感性と悟性を媒介するものを構想力（Einbildungskraft）と呼んだが，意識性を認めるということはこうした「構想力の論理」（たとえば三木 1939，1946）を経営学に導入するということになる。

　また，風間教授は企業経営に真の裁量性はなく，たとえばドラッカーの損失回避の原則とは結局費用概念の水増し（未妥費用）による利潤概念の隠蔽であるという。しかし，私が「費用補償経済と利潤極大経済の間で企業者の裁量の余地がある」としたのは，中西寅雄（1936，7頁）が商品生産社会における経済には費用補償経済（おそらく生業のようなもの）と営利経済があるとしていることと，ドラッカーの議論を重ねて合わせたものであり，事業収益のみによって費用回収するわけではない非営利組織の経営をも考慮したものであった。実際にも，優れた営利性と社会性を調和させた経営を行っている企業は存在する。

　河野昭三教授は，「経営学が内包すべき『規範』ないし『ユートピア』の妥当性や合意性はいかに？」と問われたが，まさにそれこそが規範科学の課題であるといえよう。裁量性が恣意性とならないためには，このような社会的妥当性と責任に関する議論が必要である。

参考文献

Aglietta, M. (1976), *Régulation et Crises du Capitalisme: L'expérience des États-Unis*, Calmann-Léxy.（若森章孝・山田鋭夫・大田一廣・海老塚明訳『資本主義のレギュラシオン理論』大村書店，2000年。）

Barnard, C. I. (1938), *The Functions of the Executive*, Harvard University Press.（山本安次郎・田杉　競・飯野春樹訳『新訳　経営者の役割』ダイヤモンド社，1968年。）

Coase, R. H. (1988), *The Firm, the Market, and the Law*, The University of Chicago.（宮沢健一・後藤　晃・藤垣芳文訳『企業・市場・法』東洋経済新報社，1992年。）

Hayek, F. A. (1949), *Individualism and Economic Order*, Routledge & Kegan Paul.（嘉治元郎・嘉治佐代訳『個人主義と経済秩序』春秋社，1990年。田中真晴・田中秀夫編訳『市場・知識・自由』ミネルヴァ書房，1986年。）

Maslow, A. H. (1954), *Motivation and Personality*, Haper & Row, Publishers, Inc..（小口忠彦訳『人間性の心理学』産業能率大学出版部，1971年。）

Mayo, E. (1945), *The Social Problems of an Industrial Civilization*, Harvard University.（藤田敬三・名和統一訳『アメリカ文明と労働』有斐閣，1951年。）

McGregor, D. (1960), *The Human Side of Enterprise*, McGraw-Hill Inc..（高橋達男訳『企業の人間的側面―統合と自己統制による経営―』産業能率大学出版部，1966年，1970年。）

Schönpflug, F. (1933, 1954), *Betriebswirtschaftslehre: Methoden und Hauptströmungen*, J. B. Metzlersche Verlagsbuchhandlung und Carl Ernst Poeschel Verag GMBH in Schuttgart.（古林喜楽監修，大橋昭一・奥田幸助訳『経営経済学』有斐閣，1970年。）

Simon, H. A. (1945), *Administrative Behavior*, The Macmillan Company.（松田武彦・高柳暁・二村敏子訳『経営行動』ダイヤモンド社，1965年，1989年。）

Taylor, F. W. (1911), *The Principles of Scientific Management*.（上野陽一訳『科学的管理法』産業能率短期大学出版部，1957年。）

Williamson, O. E. (1975), *Markets and Hierarchies: Analysis and Antitrust Implications*, The Free Press.（浅沼萬里・岩崎　晃訳『市場と企業組織』日本評論社，1980年。）

菊澤研宗（2006），『組織の経済学入門―新制度派経済学アプローチ―』有斐閣。

坂井正廣・高橋公夫（1981），「組織規範を超えるものは何か― W. G. Scott & D. K. Hart, *Organizational America,* 1979.〈寺谷弘壬監訳『経営哲学の大転換』1981年〉を中心として」『青山経営論集』第16巻第2・3合併号。
髙橋公夫（2011），「グローバル時代の経営学批判原理の複合」経営学史学会編〔第十八輯〕『危機の時代の経営と経営学』文眞堂。
中西寅雄（1931），『経営経済学』日本評論社。
中西寅雄（1936），『経営費用論』千倉書房。
馬場克三（1957），『個別資本と経営技術』有斐閣。
三木　清（1939，1946），『構想力の論理』岩波書店。
三戸　公（1968），『個別資本論序説―増補版―』森山書店。
三戸　公（1971），『ドラッカー―自由・社会・管理―』未来社。
三戸　公（1982），『財産の終焉―組織社会の支配構造―』文眞堂。
三戸　公（1994），『随伴的結果―管理の革命―』文眞堂。

5 経営学における新制度派経済学の展開と
その方法論的含意

丹　沢　安　治

I．はじめに

　米国とドイツにおけるそれぞれの経営学の発展過程において特に経済学は積極的に取り入れられてきた（Milgrom and Roberts 1992；丹沢 2013）。特に取引費用の経済学によって代表される新制度派経済学はドイツにおいても積極的に導入されてきたし（Albach 1988），米国においても多くの実証研究においてその成果が確認されている（Geyskens, Steenkamp and Kumar 2006）。経営学もまた経済学に対して時に根本的な修正を迫ることもあった。しかしこの相互作用に対する学説史的な評価はいまだ与えられていない。本稿においては，これを方法論的な視点から分析し，特に戦略経営の分野において経営学が経済学とどのような関係にあり，どのような点で相互の交流があるのか，考察してみよう。

　II節では，本稿における分析視点を明らかにし，リサーチクエスチョンを確立する。III節では，米国において特に取引費用の経済学を取り入れた代表的な研究を分析し，両学科の関係・交流について一般性を認められる命題を抽出する[1]。IV節でこれらの命題から経済学の導入，経営学の貢献を読み取る。V節では，結論をまとめるとともに今後の課題を明らかにする。

II．学説史研究の手法――方法論的分析――

　学説史研究では，年代史的手法が最も一般的である。これは特定の学科の発展経路はなぜ今ある状態にあるのかという問いに答えるものであり，その

学科の全体像を概観させるという意味がある。さらに特定の学説とその社会的背景から分析する研究も存在する。この手法は，分析対象である学説の発生の由来を問うものであり，その学説に対する深い理解を与える。そして，最後に挙げられるのは，科学としての方法論的側面を問う理論構造の分析である。この手法は，既存の理論の構造を分析して，本稿で試みるような隣接学科である経済学との関係を問うことに適している。

1．丹沢（2000）の理論構造の比較と分析
——理解のためのフレームワーク——

丹沢はその（1989a），（1989b）（2000）において，小島のドイツ経営学に対する方法史的研究（小島 1965；1968；1986）を発展させ，図1のような，理論構造の比較と分析を行うためのフレームワークを開発した。これは科学哲学研究者であるLakatos（1970）の主張する研究プログラムの方法論（MSRP：Methodology of Scientific Research Program）に基づき，科学理論とは，それが前提とする認識論上の前提（hard core：彼はこれを形而上学的前提と呼んでいる。）と，個々の現象を説明するモデルからなる防御帯（protective belt：説明モデルともいう）とから構成される（Lakatos 1970, p.135）という考え方である。さらに経済学方法論の研究者であるFulton（1984）は，新古典派経済学にMSRPをあてはめるならば，そのハードコアを形而上学的な前提とパラダイム的な問題を説明した理論的構想，そしてもっとも基本的な理論的モデルとに分けなければならないとした（丹沢 1989a, b）。

図1　理論構造の比較分析のためのフレームワーク（丹沢 1989a, b）

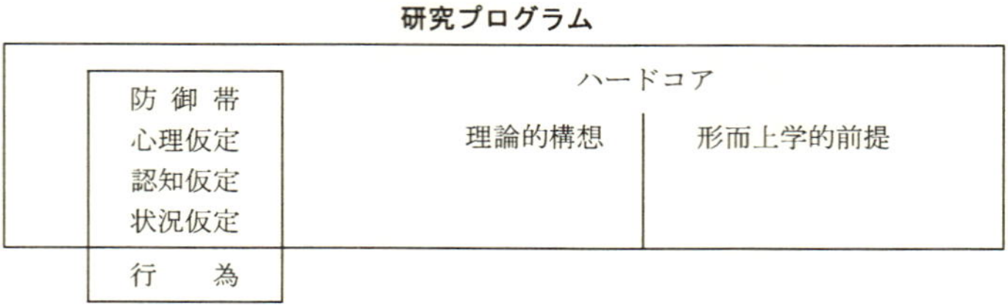

研究プログラム

防御帯	ハードコア	
心理仮定 認知仮定 状況仮定	理論的構想	形而上学的前提
行　為		

2．理論的レンズの結合による理論構築への挑戦

丹沢（1989a, b）の提案は，今日から見れば，一定時点でのいわば静的な構

造を分析するものであり，もし２つの学科の相互作用という動的な視点を取り入れるとするならば，リフレッシュされる必要がある。次に，米国の経営学関係の専門誌としてトップジャーナルとされる AMR（*Academy of Management Review*）のエディターである Okhuysen and Bonardi（2011）の編集方針から動的な視点を読み取ってみよう。

　AMR は，新規性のある理論の掲載を目標とするが，そのためには，社会学，心理学，法学，政治科学など経営諸学科の内外から複数の理論的視点：「レンズ」を結合し，当該現象のための理論をカスタマイズしなければならないという。そのさい重要なものは，2つの次元，すなわち，結合する理論的レンズ間の近接性 "proximity" と，結合されるレンズの根底に横たわる仮定間の両立可能性 "compatibility of assumptions" の度合いである。どちらも遠いほど新規性は高い。「近接性」とは，もともとのコンセプトにおいてそのレンズが説明する現象間の距離（の近さ）であり，「仮定の両立可能性」とは，結合される理論がどの程度，類似した，あるいは類似していない個々人の意思決定プロセス，あるいは，組織メカニズム，あるいは他の属性に基づいているか，ということである。もし共通の基本仮定を持っているならば，両立可能であるという。理論的レンズ間の仮定が異なっていれば，両立不可能であるという。

　丹沢（1989a, b）の図１と対照させてみよう。第１の近接性の次元は，説明の対象となっている現象の類縁性を問うものであり，防御帯における状況仮定の変更を意味している。仮定の両立性という第２の次元は，行為者の能力，特性を示すので認知仮定，および，それに加えてハードコアにおける合理性にかかわる過程を含む理論的構想における仮定を選択して首尾一貫した理論にすることと言い換えられる。図１の理論構造分析の枠組みの構成要素を工夫することで「新規性のある」成果，経営学と経済学のような異なる学科の「レンズ」を融合させ，新しい理論が構築されると言える。

　以上の補足から，丹沢（1989a, b），(2000)の静的な理論構造を分析する枠組みに加えて，動的な理論構築の視点を取り入れ，経営学と経済学のような異なる学科の相互作用を分析する下地ができた。したがって，本稿における方法論的な視点からの学説分析は，分析視点として次のリサーチクエスチョ

ンを得ることができる。

リサーチクエスチョン：
　1：理論的モデルの分析のためには，形而上学的前提，状況仮定，認知仮定を識別する必要がある。
　2：新たな理論的展開は，異なる学科間の相互作用であり，これらの理論の構成要素を組み替えていくことによって進む。

　次節において，米国においてそれぞれの時代に新制度派経済学を中心にして理論的モデルの構成要素を組み替えながら展開してきた研究を分析し，経済学に対する経営学的な研究の存在意義，あるいは経営学に対する経済学の存在意義を明らかにしてみよう。

III．分析

1．取引費用の経済学——企業境界の決定の理論——

　新制度派経済学は，取引費用の経済学，エージェンシー理論，所有権理論からなる (Picot et al. 1997) が，ここでは，Coase (1934)，North (1990)，Williamson (1975) (1985)，Langlois and Robertson (1995) らに注目し，取引費用の経済学を中心にその受容の系譜を分析してみよう。

　当初，もっとも積極的に取り入れられた理論的枠組みは，Coase, R. and Williamson, O. のいわゆる「企業境界の決定の理論」であった。企業境界の決定理論は，いくつかのモデル構成上の仮定を確定した後で，最終的には市場において部品を調達する費用，つまり取引費用と企業組織内で生産活動を調整し，管理する費用とを比較し，コスト的に有利な方を選択すると主張する。このような企業がある業務を自分でまかなうか，それにかかわる財・サービスを他社から購入するかを決めることを，自製・購買 (make-or-buy) の決定と呼ぶ (Coase 1934; Williamson 1975)。Williamson は，決定を行う行為者の行動特性に，限定合理性，機会主義を取り入れ，不確実性という状況仮定を加えて Coase に端を発する独創的な構想の操作化を行った。

命題1 Williamsonによって，限定合理性，機会主義，という行為者の仮定，不確実性という状況仮定が識別された。
命題2 その結果，make or buy という比較制度分析の枠組みは，経済学的な基礎を持つ組織論という分野を確立した。

2．戦略経営論における取引費用の経済学の受容

　浅沼（1997）は，関係的取引の概念（中間組織とも呼ばれるが）を指摘し，Williamson（1985）において，それは取り入れられた。浅沼の貢献は，特に戦略経営の分野において，多くの中間組織，系列取引，ネットワーク，そして戦略的アライアンスなど説明の対象となる現象を大幅に拡大し，おびただしい研究を生み出した。たとえば，Dyer (1997), Dyer and Singh (1998) による「関係性への拡大」，「取引価値（transaction value）」の指摘は理論的構想のレベルに及ぶ新規性を持っていたといえよう。

(1) Dyer (1997), Dyer and Singh (1998) による関係的ガバナンスへの拡大

　日本の自動車産業における系列取引のような「純粋に市場的とは言えない」取引には，当然大きな準レントが存在し，故にそのセーフガードを設定しなければならず，従って取引費用は高いはずである。ところが，系列取引を主とする日本の自動車産業の競争力は高く，その事実を説明する適切な理論的モデルが存在していない状態であった。Dyer (1997) は，特殊資産への投資が行われているが，相互学習の結果生まれた知識の交換を含む，十分な知識の交換がユニークで新しい製品やサービス，技術を共同で生み出し，より効率的なガバナンス構造となって，米国における自動車産業よりも低い取引費用を生み出していることを発見した。彼はそれを，「関係レント」として，どちらか一方の企業単独では生じず，特別なアライアンスパートナーの共同の独特な貢献を通じてのみ創造することができる交換関係の中で連帯して創出される特別な利益として定義する。

　ここから，単に取引費用を節約するという意味ではなく，取引をすることによって得られる価値の増分という視点が生まれる。すなわち，いかにして

取引費用を最小化し，取引価値を最大化するかという問題である。

命題3　系列の概念からアライアンス，戦略提携の現象へと説明範囲が拡大された。
命題4　中間組織から関係レントという概念が生まれた。

(2)　中間組織と戦略提携への展開

Picot, A. は，1990年代には，インターネットなど情報システムの普及の結果現れる取引費用の低下がもたらす現象を，英語圏の研究と同時並行的にドイツにおいて進めていた。それらの研究は，取引費用の削減が引き起こす市場取引の増加を指摘する，Malone, Yates and Benjamin（1987）の「電子市場仮説」，同じく取引費用の減少がアウトソーシングなど「中間組織」の増加を指摘する，Clemonns, Reddi and Row（1993）の「中間移行仮説」そして，市場，中間組織，階層組織の連続体の中で全体的に市場的取引の方向に移行するとするPicot / Ripperger / Wolff（1996）の「無境界仮説」（Die grenzlose Unternehmung）である（丹沢 2000）。

中でもPicot, A. らの主要な論点は，ITの進歩に伴う情報のスタンダードが普及したことにより，取引における特殊な資産への投資が減少したという，

図2　取引における特殊な資産への投資とガバナンス形態（Williamson 1985）

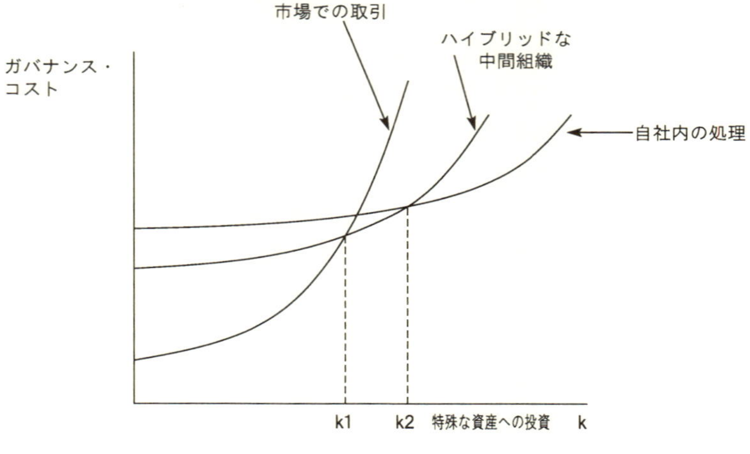

環境変化である（Picot / Ripperger / Wolff 1996, p.69）。

Williamson（1985）によれば，図2のように，取引において特殊な資産への投資が行われるほど，その取引は階層組織内で執行されることになる。また，その取引に伴う資産の特殊性がk1からk2の範囲に収まるとき，取引のガバナンス形態は，内製でも市場調達でもなく，ケイレツや長期的なアウトソーシング契約のようなハイブリッドな中間組織による。

Picot, A. らは，図2を出発点として，情報テクノロジーの進歩という状況仮定を導入する。その結果，k2より右方の特殊性を持つ取引は，k2より左方に移動し，市場において処理されるようになる。全体的に左にシフトするので，必ずしもマローンのような電子市場のみの強調や，クレモンスのような中間組織のみの主張を意味しないことは重要だろう。電子市場なりアウトソーシングなりの特定の形態のみを主張するのではなく，どのような形態に決まるかの基準を示している点に，Picot, A. の「無境界」というフレームワークに包括性があると言えよう。これらの展開は企業の垂直統合/分解戦略に関連して，サプライヤーとの関係，アウトソーシングなど数多くの戦略的含意をもたらし，経営学的な意味は大きい。

特に，アウトソーシングに関しては，標準的な業務から「暗黙知を含む知識」の領域にかかわる KPO（Knowledge Process Outsourcing）にまで及んだ。たとえば，Mudambi and Tallman（2010）は，いわゆる KPO のように，市場調査，研究開発，データマイニングなどの業務を内部で行わずに外部機関に委託する企業戦略を取り上げた。かれらは，この場合，単純な契約形態を採用するか，ジョイントベンチャーのような中間組織として存続させるのか，という問題を野中・竹内（1996）らの知識ベースの戦略論と融合させながら展開している。

すなわち，知識の創造を企業組織内で行うか，それとも外部に委託し，知識を「購入」するか，それともアライアンスの関係において「共創」するかという問題である（Mudambi and Tallman 2010）。ここで，make or buy の枠組みが当てはめられる。すなわち，外部における知識創造を含む取引には，不確実性，情報の質の判断にかかわる情報非対称性，創造される知識の唯一性のために生ずる特殊な資産への投資が必要になる。このような取引費

図3 KPOにおける資源統合,取引特殊な投資,そしてガバナンス選択
(Mudambi and Tallman 2010, p. 1440)

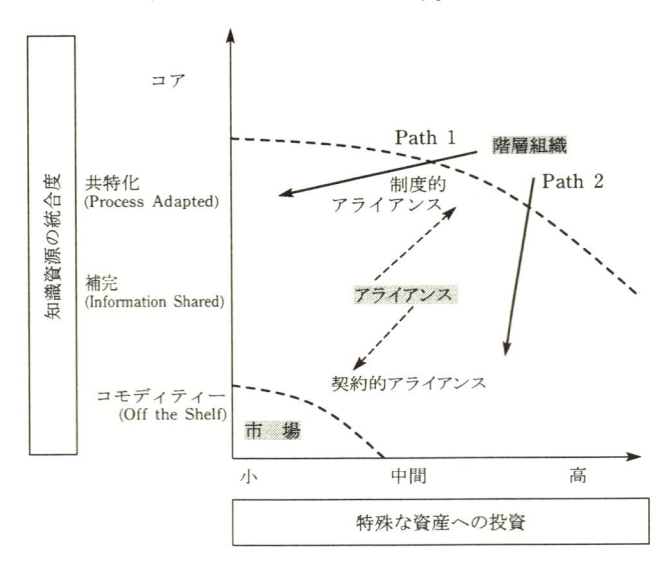

用理論的な取引特性は,中間組織の契約形態についてガバナンス形態の決定の枠組みを用いて表現すれば,スポット的に知識を購入する契約的アライアンスか,ジョイントベンチャーのような知識共創の場を作る制度的アライアンスかという戦略的問題として言い換えられることになる(Mudambi and Tallman 2010)。

図3は,縦軸に共有される知識の性質が,標準化されたものか,それとも中核的なものかを表し,横軸には,そのアライアンスにおいて特殊な資産への投資が行われる度合いを記している。もし,中核的で共創の度合いが高く,また特殊な資産への投資の度合いが高く,しかも外部から調達しようとするならば,アライアンスは,ジョイントベンチャーの設立など資本的結合を制度的アライアンスを選択すべきであり,その度合いが低ければ,市場的取引に近づき,契約的アライアンスを選択すべきである(Mudambi and Tallman 2010, p. 1440)。

命題5　中間組織の概念は，市場化，アウトソーシング，EMS企業，オフショアリングなどの現象の説明に拡大した。

命題6　make or buy の枠組みに暗黙知の調達戦略というテーマが加えられた。

(3) RBV（Resource Based View）との結合（Madhok 1996）：資源基礎アプローチの発展とその企業理論的展開

次に新制度派経済学の受容に大きな影響を与えたのは，90年代において普及した，動的取引費用（Langlois and Robertson 1995），ダイナミックケイパビリティー（Teece, Pisano and Shuen 1997），資源基礎アプローチ（Barney 1991），あるいは，前述の野中などの知識ベースの戦略論（野中・竹内 1996）との融合（Afuah 2003）であった。このきっかけを作ったのは，自社に何か特殊なケイパビリティーがあって「他の企業においてよく生産されないならば，取引費用がゼロで管理コストがプラスでも企業組織内での生産が選ばれるかもしれない」という Demsetz（1988）による指摘であった。当然，「逆に仮に管理コストがゼロでも他企業により優れた生産技術があれば，他企業から調達される，つまり市場から調達される」。企業境界の決定要因は取引費用だけでなく，個々の企業が持つ何らかのケイパビリティー，資源も考慮しなければならないということである。

たとえば Madhok（1996）は，資源となりうるもの，生産費用上の優位性をもたらしうるものとして，企業の文化，コンピタンス，あるいはマネジメントのスキル，そして暗黙知といったものの存在を考慮する。これで取引費用というレンズと RBV のレンズを組み合わせた多くの研究が生まれた（Thang 2000）。これらのケイパビリティーや資源が，発生するのは，知識吸収・蓄積に個体差があるためである。それは情報処理能力の多様性を仮定することであり，やはり，新制度派経済学の限定合理性を仮定しているといえるだろう。

命題7　RBV あるいはケイパビリティーの導入により，企業境界の決定は，費用の削減だけでなく，補完関係，連結の経済を考慮した垂直統合戦略となった。

(4) Peng, M. の国際経営論への展開

国際経営の分野においては，1980年代から Rugman, A.（Rugman and Verbeke 1992）などの研究が良く知られていたが，Peng, M. らは，新興国経済の発展を見ながら，新制度派経済学と新制度派社会学という異なるレンズを結合させて説明の範囲を拡大させている。Peng et al.（2010）を中心にその流れを追ってみよう。

戦略経営の分野において，制度にかかわるアプローチとしては，以前から2つの流れがあったことは良く知られている。第1のものは，新制度派経済学であり，North（1990）; Williamson（1975），（1985）らが唱道するものであり，本稿でも主として取り上げているアプローチである。それにたいして，DiMaggio and Powell（1983）; Scot（2008）らの社会学者によって，ここ30年にわたって開発されてきた，社会学的な新制度派社会学の流れがある。

ただ，どちらの学科においても，「制度は重要である」とすることは共通であり，次のステップは，制度がどのように重要であり，どのような環境で，どの範囲で，そしてどのようにふるまうか研究することである。Peng, M. はここで，Scott（2008）に倣い，当初は鋭く対立していた両アプローチの統合を前提とする。ここで重要なのは，公式的な政府政策と非公式なメディア及び消費者の「感性」が競争にとって持つ意味である。公式的な政府の政策とは制度的環境を意味し，消費者の感性とは，文化的背景という条件を重視する新制度派社会学から抽出している。国際貿易においては，コストリーダーシップの単純な実行は，ホスト国の法と規制を無視すれば，法的反発を引き起こす。人々の感性に逆らえば市場取引も困難になる。

彼の真骨頂は，以前のコンティンジェンシー理論が，市場の制度的枠組が当然の存在とし，重視したことに加えて，取引費用の経済学という理論的背景の拡大として，法や規制のような公式的な制度，文化や規範のような非公式制度を組み入れたことであるといえよう。

そして，このように制度を扱うことは，先進国における戦略的行動を理解する上でも不十分であるが，新興国経済の企業を考える上ではさらに不十分であるとする（Peng et al. 2010）。先進国において市場がスムーズに機能し

ている場合には，市場サポート的制度は，目に見えないが，新興国経済のように市場機能が不十分なところでは，市場サポート的制度の存在が意識されるためである（McMillan 2007）。

<u>命題8　文化的背景による行為者の認知的過程が追加された。</u>
<u>命題9　国際経営，新興国市場戦略へと適用範囲が拡大した。</u>

IV．含意──状況仮定と認知仮定の変更による新理論の提案としての学史展開──

2つのリサーチクエスチョンにしたがって，特に米国の戦略経営研究における新制度派経済学の受容を試みる研究を検討した。これらの研究の理論としての組み立てを紹介しながら分析し，9つの命題を抽出した。これらの命題は，図1の枠組みにしたがって改めて整理すると，防御帯レベルの状況仮定，認知仮定にとどまる貢献であったというものと理論的構想のレベルに及ぶ貢献に分けられる（表1参照）。

表1　新制度派経済学の経営学への受容

理論的構想	命題1（Williamson, O.），命題2（Williamson, O.），命題4（Dyer, J.），命題6（Mudambi, S. M. and Tallman, S.），命題7（Madhoc, A.）
防御帯における仮定	命題3（Dyer, J. and Asanuma, B.），命題5（Picot, A.）命題8,9（Peng, M.）

表1から見て取れることは，経営学において，経済学の仮定により現象に密着した変組み立ての工夫によって新たな分析視点を提供してきたことであるといえる。命題3，5，8，9がそれにあたる。これは経済学の展開を図り，経営学を，垂直統合／分解戦略（命題3），アウトソーシング戦略（命題5），新興国ビジネス戦略（命題8，9）というテーマについて，豊かにしたという貢献である。しかし経営学の貢献はこれにとどまるものではない。表1における命題4，6，7のように，関係レント／取引価値（命題4），暗黙知（命題6），ケイパビリティー（命題7）のように理論的構想に属する貢献である新

たな戦略論的テーマを提供した研究も存在する。これらは，生産費用一定という隠された仮定を克服し，取引費用の経済学の限界を超えているという意味で，新制度派経済学という研究プログラムの理論的構想のレベルでの修正を要求する展開であり，Okhuysen and Bonardi（2011）の視点から見て，経営学の方から経済学における根本的な修正を迫るより大きな貢献であったといえよう。

V. 結語

本稿では新制度派経済学を経営学，特に戦略経営の分野に受け入れたことによるメリット，経営学が新制度派経済学を受け入れたことによって与えられた経済学にとってのメリットが明らかにされた。しかし本稿において，これらの分析は両領域において方法論的個人主義，還元的モデル構築，などの形而上学的前提を共有する部分での分析に限られていたことは指摘しておかねばならない。経済学におけるマクロ経済学，複雑系の経済学は，議論の範疇に入っていない。経営学の側にも，経営学におけるディスコース分析など，議論の対象としていないアプローチが存在することもまた指摘しておかねばならない。これらの両学科の相互作用にかかわる全面的な検討はこれからの課題としたい。

注

1) 2013年5月19日に行われた経営学史学会統一論題報告では，米国のみならずドイツにおける取引費用の経済学の受容も取り上げた。しかしドイツにおける展開については，やはり経営学史学会によって刊行された『経営学史叢書XII グーテンベルク』における丹沢（2013）と重複する部分があり，本稿では割愛し，逆に米国の戦略経営への受容について追加した。ドイツにおける取引費用の経済学の受容に関しては丹沢（2013）を参照されたい。

主要文献

Afuah, A. (2003), "Redefining Firm Boundaries in the Face of the Internet: Are Firms Really Shrinking?," *Academy of Management Review*, Vol. 28, No. 1, pp. 34–53.

Albach, H. (1988), Kosten, Transaktionen und externe Effekte im betrieblichen Rechnungswesen, *ZfB*, 5. 8Jg. H. 11, S. 1143–1170.

Barney, J. (1991), "Firm resources and sustained competitive advantage," *Journal of Management*, 17/1, pp. 99–120.

Clemonns, E., Reddi, S. and Row, M. C. (1993), "The Impact of Information Technology on the Organization of Economic Activity: The Move to the Middle Hypothesis," *Journal of Management Information Systems,* Falls, Vol. 10, No. 2, pp. 9–35.

Coase, R. H. (1934), "Nature of the Firm," in: *THE FIRM, THE MARKET, AND THE LAW,* University of Chicago Press. (R. H. コース「企業の本質」, 宮沢健一・後藤 晃・藤垣芳文訳『企業・市場・法』東洋経済新報社, 1992年。)

Coase, R. H. (1984), The New Institutional Economics, in: *Zeitschrift für die gesamte Staatswissenschaft (ZgS)* 140, S. 229–231.

Demsetz, H. (1988), "The Theory of the Firm Revisited," *Journal of Law, Economics, and Organization,* 4/1, pp. 141–161.

DiMaggio, P. J. and Powell, W. W. (1983), "The iron cage revisited: Institutional isomorphism and collective rationality in organizational fields," *American Sociological Review,* 48, pp. 147–160.

Dyer, J. and Singh, H. (1998), "The Relational View: Cooperative Strategy and Sources of Interorganizational Competitive Advantage," *Academy of Management Review,* Vol. 23, No. 4, pp. 660–679.

Dyer, J. (1997), "Effective Interfirm Collaboration: How Firms Minimize Transaction Costs and Maximize Transaction Value," *Strategic Management Journal* (1986–1998), Aug., 18. 7, p. 535.

Fulton, G. (1984), "Research Programmes in Economics," *History of Political Economy,* 16–2, Duke University Press, pp. 187–205.

Geyskens, I., Steenkamp, J. B. and Kumar, N. (2006), "Make, Buy, or Ally: A Transaction Cost Theory: Meta-Analysis," *The Academy of Management Journal,* Vol. 49, No. 3, pp. 519–543.

Lakatos, I. (1970), "Falsification and the Methodology of Scientific Research Programs, in: *Criticism and the Growth of Knowledge,* Lakatos, I. and Musgrave, A., ed., Cambridge Uni. Press.

Langlois, R. N. and Robertson, P. L. (1995), *Firms Markets and Economic Change,* Routledge.

Madhok, A. (1996), "The Organization of Economic Activity: Transaction Cost, Firm Capabilities, and the Nature of Governance," *Organization Science,* Vol. 7, No. 5, Sept/Oct., pp. 577–590.

Malone, T. W., Yates, J. and Benjamin, R. (1987), "Electronic market and electronic hierarchies," *Communications of the ACM,* June, Vol. 30, No. 6, pp. 484–497.

McMillan, J. (2003), *Reinventing the Bazaar: A Natural History of Markets,* W. W. Norton & Company. (瀧澤弘和・木村友二訳『市場を創る―バザールからネット取引まで―』NTT出版, 2007年。)

Milgrom, P. and Roberts, J. (1992), *Economics, Organization, and Management,* Englewood Cliffs (Prentice Hall). (奥野正寛他訳『組織の経済学』NTT出版, 1997年。)

Mudambi, S. M. and Tallman, S. (2010), "Make, Buy or Ally? Theoretical Perspectives on Knowledge Process Outsourcing through Alliances," *Journal of Management Studies,* 47:8, December.

North, D. C. (1990), *Institutions, Institutional Change and Economic Performance,* Cambridge University Press. (竹下公視訳『制度・制度変化・経済成果』晃洋書房, 1994年。)

Okhuysen, G. and Bonardi, J.-P. (2011), "Editors' Comments: The Challenges of Building

Theory by Combining Lenses," *Academy of Management Review,* Vol. 36, No. 1, pp. 6-11.
Peng, M., Sun, S., Pinkham, B. and Chen, H. (2010), "The Institution-Based View as a Third Leg for a Strategy Tripod," *Academy of Management Perspectives.*
Picot, A. (1982), Transaktionskostenansatz in der Organisationsthorie: Stand der Diskussion und Aussagewert, *DBW,* 4.2, 2, S. 267-282.
Picot, A., Ripperger, T. and Wolff, B. (1996a), "The Fading Boundaries of the Firm: The Role of Information and Communication Thechnology," *Journal of Institutional and Theoretical Economics,* vol. 152, pp. 65-79.
Picot, A. / Reichwald, R. / Wigand, R. (1996b), *Die grenzlose Unternehmung-Information, Organisation und Management,* Wiesbaden.
Picot, A. / Dietl, H. / Franck, E. (1997), *Organisation: Theorie und Praxis aus ökonomischer Sicht,* Auflage 1, Stuttgart. (丹沢安治他訳『新制度派経済学による組織入門―市場・組織・組織間関係へのアプローチ―』第4版, 白桃書房, 2007年。)
Rugman, A. and Verbeke, A. (1992), "A note on the transnational solution and the transaction cost theory on multinational strategic management," *Journal of International Business Studies;* Fourth Quarter; 23, 4.
Scott, W. R. (2008), "Approaching adulthood: the maturing of institutional theory," *Theory and Society,* 37, pp. 427-442.
Teece, D. J., Pisano, G. and Shuen, A. (1997), "Dynamic Capabilities and Strategic Management," *Strategic Management Journal,* Vol. 18:7, pp. 509-533.
Thang, E. W. K. (2000), "Transaction Cost and Resource-based Explanations of Joint Ventures: A Comparison and Synthesis," *Organization Studies,* 21/1, pp. 215-242.
Wernerfelt, B. (1984), "A resource-based view of the firm," *Strategic Management Journal,* 5, pp. 171-80.
Williamson, O. E. (1975), *Markets and Hierarchies: Analysis and Antitrust Implications,* The Free Press. (浅沼万里・岩崎 晃訳『市場と企業組織』日本評論社, 1980年。)
Williamson, O. E. (1985), *The Economic Institutions of Capitalism,* The Free Press.
浅沼万里 (1997),『日本の企業組織 革新的適応のメカニズム―長期取引関係の構造と機能―』東洋経済新報社。
小島三郎 (1965),『ドイツ経験主義経営経済学の研究』商学研究叢書, 慶応義塾大学商学会編, 有斐閣。
小島三郎 (1968),『戦後西ドイツ経営経済学の展開』慶応通信。
小島三郎 (1986),『現代科学理論と経営経済学』税務経理協会。
丹沢安治 (1989a),「行動理論的経営経済学の理論構造」『専修経営学論集』第47号, 159頁。
丹沢安治 (1989b),「取引費用アプローチの理論構造」『専修大学経営研究所報』第86号, 1-24頁。
丹沢安治 (2000),『新制度派経済学による組織研究の基礎―制度の発生とコントロールへのアプローチ―』白桃書房。
丹沢安治 (2013)「グーテンベルク学派の新制度派経済学に基づく組織論」経営学史学会監修, 海道ノブチカ編著『経営学史叢書XII グーテンベルク』文眞堂, 148-171頁。
野中郁次郎・竹内弘高 (1996),『知識創造企業』(梅本勝博訳), 東洋経済新報社。

6 経営学と経済学における人間観・企業観・社会観

三　戸　　　浩

Ⅰ．はじめに

　ここ十数年，「市場原理と株主主権」こそが「資本主義社会のあるべき姿」であり，日本的経営・企業統治などは，この「あるべき姿」でないが故に否定されているようである。この「市場原理と株主主権」は経済学（新自由主義経済学）のパラダイムであり，近年，経済・企業を見るパラダイムは経営学のパラダイムから経済学のそれへと「逆転した」のではないだろうか。

　経営学に携わる者として，この「流れ」は看過できないと思いつつも，なぜそうなってきているのかという答えを求めつつも見つからぬまま来ていた。そんな中，ここ数年の大会のテーマは第19回が「経営学の思想と方法（サブテーマ：経営学が構築してきた経営の世界を問う），第20回大会のテーマが「経営学の貢献と反省——21世紀を見据えて——」であり，そして今回第21回大会が「経済学を超える経営学の可能性」である。コーポレート・ガバナンスや環境問題，グローバル市場などという「企業が直面する問題」ではなく「経営学そのものを問う」ものとなっているのである。（経営哲学学会でも，「資本主義」そのものや経営学を超える「正義」を大会テーマとしている[1]。[2]）

　「経済学を超える経営学の可能性」というテーマはどこから・なぜ生まれたのか，何が求められているのだろうか。経済学から「分かれ」，成立し，その独自性を求め確立してきた経営学であったが，その「独自性」にどれだけの価値があるのか，をあらためて問おうとするものであろうか。現代社会が抱える「企業・経営課題」にどちらの方がより答えることができるのか，を問おうとするものであろうか。だとするなら，その課題とは現代日本企業のパ

フォーマンス（日本的経営，市場環境への適応性）であり，環境問題・資源問題であり，CSR やビジネス・エシックス（自然環境，社会環境）はその主要なものであろう。

　経営学と経済学，この二つの学における人間観・企業観・社会観は違う。その違いがどのような問題・領域に答えうるかを決定しよう。本報告では，まず経営学の成立からその性格・内容を確認し，次に経営学と経済学をパラダイム（人間観・企業観・社会観）の観点から比較検討し，最後に，現代経済社会の課題に経済学は答えうるかを問うて，経営学の課題を検討するための問題提起，という順番で述べていきたい。

　（本報告において，「経済学」は「市場原理，株主主権」に立つものと限定して議論されている。日本企業（日本的経営）を論ずるにあたって，近年の動向は経営学の理論・概念ではなく経済学の理論・概念により企業の問題も考えようとするものとなっていないか。その時の経済学は「市場原理，株主主権」をその主たる内容としていると思われるからである。）

II. 議論の概要

1. 近年の「違和感」「危機感」

　80年代に賞賛の的であった日本的経営はバブル経済崩壊後，急速に批判の嵐に襲われるようになった。日本的経営が新しい時代＝国際化・情報化に適応できないのは，経営資源の流動性がないためであり，終身雇用・年功制により労働力（人的資源）が内部に硬直的に固定化され，系列・企業集団により取引が硬直化している。企業間の株式持合により経営者は自己保身に走り，積極的に環境に適応しようとしない。だから，米国経済のように市場原理と株主主権により，競争させ生産性を向上させねばならない，という議論に覆われた。そして，規制緩和と株主主権のコーポレート・ガバナンスこそが日本経済・企業再生に必要であるとされ，現在に至るまでこの方向で様々な法制度化が推し進められてきている。この「市場原理と株主主権」はまさに経済学・法学の観点であろう。20世紀に経営学が捉えた（大）企業観・経営者観・人間観は20世紀の末に「否定され」，経済学のそれに取って代わられるよ

うになった。このことは，経営学に携わる者としては，大きな違和感を感じる以上に，危機感に近いものを感じてきた。

また，環境問題・資源問題は現代社会最大の課題と言えよう。BP 社メキシコ湾石油流出事故や福島第一原発事故などの「取りきれぬ責任」問題をどう考え，解決していけば良いであろうか。

2．本稿の前提

経済学は，古典派・新古典派，ケインズ経済学，マルクス経済学，制度学派，等々あるが，本稿では，問題意識に限定して，近年メディアなどで「席巻している」シカゴ学派的「市場原理主義，株主主権」という捉え方をさすことにしたい。また，経営学も，ドイツ経営学，新制度学派等があるが（経営学史学会編 2002，2頁，8-76頁），アメリカ経営学（管理論）を主とする。また，経済学，経営学の理論ではなく，その「パラダイム」に限定・着目して議論を進めたい。

3．問題提起（ここでの経済学は新自由主義経済学に限定しない）

(1)「違和感」の原因

企業に関わる近年の巷間の言説において，パラダイムの「転換」が起こっているように思える。すなわち，以下に示したように，経営学と経済学の企業分析のパラダイムを捉えると，20世紀に経営学が明らかにしてきた現代大企業を分析するパラダイムは，20世紀末から再び19世紀の企業パラダイムである経済学のそれに取って代わられて来ている。

経営学パラダイム；組織，経営者支配（準公的会社，社会的器官，制度），Y 型人間観（経営学史学会編 2002，175頁）

経済学パラダイム；市場，所有者支配（私的致富手段・財産），X 型人間観（経営学史学会編 2002，175頁）

(2)「危機感」に関して

経営学パラダイムに代え経済学パラダイムにより，経済・企業を分析・評価しようとする動きはまず，何よりも「日本的経営・日本型企業システム批判」という形で現れてきているであろう。「日本的経営・日本型企業システム」

は，人・モノ・金などの経営資源を固定化するため，市場環境に適切に対応することができない。雇用を自由化し，市場原理に任せることにより適切なリストラができる。系列のような取引の非市場化がコストダウンや大胆な事業展開を妨げている。内部出身経営者が企業間の株式相互持合いにより守られているために，国際化・情報化に対し適切に経営が行えない。これらは全て，市場原理・株主主権により企業が動いていないからこそであり，市場価格により取引・雇用が決定されていないからである（経営学史学会編 2002，149-150頁）。経営者も従業員も金銭的報酬により動機付けるべきである（X型人間観）。取引先も価格により自由に決定すべきである。以上のような議論は現在もなお続いており，アベノミクスも規制緩和・市場原理導入を基本とし，解雇も自由に行えるような法改正を進めているようである[6]。確かにこの20年ほど日本大企業は輸出産業を中心として国際競争力を低下させてきているであろう。だが，その解決策は経済学パラダイムによる日本的経営の否定が適切であろうか。80年代の"Japan as No. 1"と言われた時の日本企業の評価（TQCに現れているような従業員の企業ロイヤリティやJust In Timeのような系列企業との経営諸資源の共有・コラボレーション）は「誤り」であったのだろうか。TQCもJITも継続して行われているのであるなら，それを産み出した「日本的経営」は想像力，イノベーション力を持っているのであり，その力を引き出し，活かせなくなっているのであろうが，それは日本的経営＝非市場性のためであろうか。私には，市場原理・株主主権による「企業と従業員のコラボレーション」，「企業間のコラボレーション」の喪失の側面が大きいように思える。ただし，大企業の経営者に「企業家」の側面が薄くなっている事は否定できないが，それは，経済学パラダイムによる日本的経営批判・否定ではなく，経営学パラダイムの観点からの再分析が必要なのではないだろうか。

　今一つの危機感は，世界的に急激に深刻化してきている「環境問題・資源問題」に対する解決能力の問題である。企業は株主の致富手段であり，経営者は企業価値の最大化（株価の時価総額の最大化）を目指して経営を行うという経済学パラダイムに立っている様に見える日本経済団体連合会は自然再生エネルギーへの転換に及び腰であることや[7]，またアメリカ経済界が京都議

定書批准に消極的であることからでもわかるように，市場原理・株主主権は環境問題・資源問題に適切な対応をとれるであろうか。

(3) 二つの学の成立の観点；時代背景の差

以上のような「危機感」を抱かせる理由は，経済学が誕生した時代背景にあるであろう。

経済学は企業規模が小規模であった時代に誕生し，市民社会がまだ十分に機能していた時代であったが故に，市場では利益（効用）最大化を目指す合理性モデルで行動すればよく，責任・倫理は市民社会の領域で問題とされていた。20世紀の初頭にカーネギーやロックフェラーなどが行った社会貢献活動・フィランソロピィは，市場で獲得した富を市民社会に貢献させることにより，トータルな良き市民と評価されるためであっただろう。また，小規模であった故に，公害と呼ばれるほどの大規模な環境破壊は起こさなかったし，起こしても「外部不経済」ととらえて，あとは法制度に解決を委ねる，とすることは，60年代の「公害問題」の時に見たとおりであろう。

これに対し，経営学は大企業の時代20世紀に誕生した学問であり，環境問題に対し企業の社会的責任CSRという回答を出した。これに対し，ハイエクやフリードマンは企業の社会的責任に対し反対を唱えたのである（三戸・池内・勝部 2011, 286-287頁）。経営学では，バーリ＆ミーンズ（1932）やP．F．ドラッカー（1946）などが提起した企業観，すなわち企業自体が一つの「社会」であり，「文化」を持ち，企業の中で「経済性，社会性・倫理性」が求められる，に立ってきたのである（三戸 浩 2013, 4-8頁，199-205頁；Drucker 1946）。

Ⅲ．経営学の成立

経営学は，20世紀初頭に，「**鉄道・通信の発展＝大量輸送→大量生産＝大企業化**」という技術的・経済的変化を背景に（Chandler 1977），大企業の誕生により個人の企業家ではなく，大企業を対象とする学として成立したと言えようが，その大企業が成立するためには，3つの経営資源においてそれぞれ「発明」があったからである。

科学的管理（ヒト）…勘と経験によるものから科学的方法に基づくものに
大量生産システム（モノ）…職人の熟練からベルトコンベア＋部品の互換性というシステムに
（近代）株式会社制度（カネ）…所有者の私的致富手段から準公的会社（社会的器官）へ

　この 3 つは，それまで「個人のもの」であったものが企業・組織により担われるようになったと捉えることができよう。それまでの経済学の時代，個人が財産・労働力を持ち，市場で自由に交換する社会から，個人は組織に属することにより社会に統合される社会となり，市場における自由な契約・活動だけでなく「組織と個人の統合」こそが重要になったのである。
　また，大企業化はただちに「官僚制化」をもたらすであろう。経営学の課題は，その「大企業＝官僚制の逆機能性と抑圧性」の克服であったともとらえられよう（事業部制などの組織構造，分権化など）。「日本的経営」には「職務・労働時間の無限定性」に因る「光と影」が生まれたが，それは「専門性・規則性・階層性」という官僚制の特性を超えた「超官僚制」とも言うべきものであったと捉えることもできよう。

IV. 経済学と経営学のパラダイム

　企業が対応せねばならぬ課題に答える学，経営学と経済学の差異性はどこにあるのか。「社会観」企業の役割・性格を規定する社会をどう捉えているか，「企業観」対象たる企業そのものをどう捉えているか，「人間観」企業を動かし，企業で働く人間をどう把握しているか，それぞれがどう変わったのか，対比してみよう。

〇社会観《個人が社会に統合される場》
　20 世紀初頭までは，市民社会＋市場経済。責任・倫理は前者で。市場では「経済合理性，契約・法」だけで。
　資本主義社会から組織社会へ…ドラッカー（三戸　公 1971），市場から組織へ…チャンドラー（Chandler 1977）

○企業観《企業の性格》

　所有者の財産（私的致富手段）から社会的器官（社会的制度，準公的会社，公器）

　所有者支配から経営者支配へ…バーリ＝ミーンズ（三戸 浩編著 2013）

○人間観《動機付け》

　X型人間観からY型人間観へ…人間関係論（経営学史学会編 2002, 34-35頁，99-101頁，243-244頁）

　全人仮説，経営人（管理人）…バーナード（経営学史学会編 2002, 101-102頁；三戸 公 2002），サイモン（経営学史学会編 2002『経営学史事典』103頁；三戸 公 2002）

V．経済学は現代社会の課題に答えられるか，経営学はどうか？　～むすびにかえて～

　社会科学（理論）の歴史はその時代・社会の課題・解答の歴史であろう。19世紀に成立した経済学より，20世紀に成立した経営学の方が，大企業経済社会に対応して「進化」しているのは当然であろう。

　経済学は，個人が市場で結びつく社会であり，企業は個人の財産（所有物）であり，人々は所得以外（地位・機能）は生活世界（コミュニティ）で得ていた時代に生まれた。すなわち，「合理的な資源の調整・配分」と「利潤追求」，市場環境に適応することが求められた時代の学であった。

　経営学は，企業・組織において個人が結びつく社会であり，企業は組織であると同時に社会的器官（公器）であり，人々は収入以外の地位・機能も企業・組織で得るようになり，生活世界（コミュニティ）が解体していく時代に生まれた学問であり，「イノベーション」と「サステナビリティ」こそが決定的となり，市場環境以外の社会環境・自然環境にも適応せねばならない企業を対象とする。

　すなわち，「企業と社会」問題（CSRやビジネス・エシックス）には経済学は十分に応えられまい。また，NPOや社会的企業，ステークホルダーなどは経済学の手に余るのではないか？（ある観点で）20世紀最も「成功した"日

本的経営"」に対し「米国型経営（市場原理＋株主主権＝経済学パラダイム）」を global standard としてそのまま取り入れることの吟味も必要であろう（日本的経営の「光」を活かしながら「影（サービス残業，ブラック企業など）」の克服）。

　では，経営学は十分に応え・答えられるのか？

　まず，自らのパラダイム（独自性・有効性）を理解し，そこに立たねばならないだろう。だが，それだけでは十分ではあるまい。経営学の基本的パラダイムは20世紀の半ばまでで作られた。地球環境・生態系，環境問題・資源問題・人口問題などが問題となっていない時代である。「進歩」から「サステナビリティ」こそが重要となり，「競争」オンリーから「調和，コラボレーション」の時代と変わり，無限の発展から限りある環境のなかでどう調和して生きていけばいいのかが求められるようになったのである（グローバル市場での競争が同時に存在）。

　経営学の「貢献」で豊かな社会となった。だが，その「豊かさ」に翳りが生まれてきている。BP社のメキシコ湾石油流出事故や東電福島第一原発事故など，巨大企業は「取りきれぬ責任」を役割責任・結果責任で負うようになり，失敗した時の責任は「取り返しのつかない」ものとまでなっている。イノベーション・成長のために規制緩和（小さな政府）が求められているが，安全性のための法規制，経営破綻の時の公的資金（税金）の投入，為替介入，通貨供給，巨大システム産業・商品のセールス等々，政府の力は変わらずというより，これまで以上に必要となってきているのではないか。

　経済学のパラダイム（市場原理，株主主権）に「惹かれ，引きずられる」のはなぜか。パラダイムの「逆転」はなぜ起こったのか？　経営学が誕生した背景にある「大企業中心の時代」は終焉に向かおうとしていないか？

　環境・資源問題や NPO，社会的企業 social business・social enterprise などの登場はまさにその証左ではあるまいか。経営学（20世紀の学）もそのままでは，有効性に限界があろう。それゆえ，経済学（19世紀の学）のパラダイムで企業を捉えようとしているのではあるまいか。新しい「現実」を捉えることが可能なパラダイムを模索する必要があるのではないだろうか。

　そのためには，経営学の「課題」は何か？をあらためて問うことが求めら

れていよう。そこから，経営学のパラダイムを再確認，再検討する必要があるであろう。

「進歩主義，機械的合理主義」に立たない「人間観」，個人では責任が取りきれないまで巨大化した企業を社会・自然と調和させる「企業観」が必要であり，それは，地域・自然と切り離された個人が「自由」に自己の権利を主張する社会とは違った新しい「社会観（世界観）」の上に成立するものであろう。

（本稿では，日本的経営批判は新自由主義シカゴ学派（フリードマン流），環境問題・資源問題の時は近代経済学を想定して議論している。この二つの「経済学」の関係が曖昧のまま終えてしまった。また制度学派，新制度学派との関係も考慮せねばならなかった。例えば，経営者支配に関しては，経営学は制度学派に近く，新制度学派の方が遠いであろう，今後の課題としたい。また，経営学のパラダイムなどで取り上げた概念等は，各テキストの特定部分に限定してはいないため，ページは特定していない。また，原典に当たるより，本稿の理解に適切と思われたものは，事典や議論している研究書を上げた。）

注

1) 経営哲学学会報告大会第27回統一論題「未来を拓く文明と経営哲学」，第3テーマ「資本主義を問う」。
   経営哲学学会報告大会第29回統一論題「市場の生成と経営哲学」について。
2) 経営哲学学会報告大会第28回統一論題『可能性の経営哲学―いまなぜ経営哲学なのか―』，第3セッション「いまなぜ正義（論）なのか」。
3) 「あれから1年。BP石油流出事故の後片付けはどうなった？」ギズモード・ジャパン 5月9日。「三井物産，メキシコ湾原油流出事故で英ＢＰと和解870億円支払い」産経新聞2011年5月20日。
4) 学派あれこれ（http://cruel.org/econthought/thought.html），金森・荒・森口編『経済辞典 第4版』(2002)。
5) シカゴ学派（http://cruel.org/econthought/schools/chicago.html），同上書。
6) 「企業を優先「解雇特区」働く人への影響は」朝日新聞2013年9月30日。
7) 日本経済団体連合会編『月刊経団連』2013年12月号（http://www.keidanren.or.jp/journal/monthly/2013/12/）。
8) 室田泰弘，高瀬香絵「京都議定書批准は経済的損失をもたらすか」2001年7月6日（https://www.wwf.or.jp/activities/lib/pdf_climate/kyoto-protocol/motarasukaj.pdf）。

参考文献

Barnard, C. I. (1938), *The Function of the Executive,* Harvard University Press.（山本安次郎・田杉 競・飯野春樹訳『新訳 経営者の役割』ダイヤモンド社，1968年。）

Berle, A. A and Means, G. C. (1932), *The Modern Corporation and Private Property,* Macmillan.（北島忠男訳『近代株式会社と私有財産』文雅堂銀行研究社，1958年。）
Chandler, A. D. (1977), *The Visible Hand,* Belknap Press of Harvard University Press.（鳥羽欽一郎・小林袈裟治訳『経営者の時代』東洋経済新報社，1979年。）
Coase, R. H. (1988), *The Firm, The Market and the Law,* University of Chicago Press.（宮沢健一・後藤　晃・藤垣芳文訳『企業・市場・法』東洋経済新報社，1992年。）
Dore, R. (2000), *Stock Market Capitalism: Welfare Capitalism,* Oxford University Press,（藤井眞人訳『日本型資本主義と市場主義の衝突』東洋経済新報社，2001年。）
Drucker, P. F. (1942), *The Future of Industrial Man,* The John Day Co.（上田惇生訳『産業人の未来』ダイヤモンド社，2008年。）
Drucker, P. F. (1946), *Concept of the Corporation,* The John Day Co.（上田惇生訳『企業とは何か』ダイヤモンド社，2008年。）
Polanyi, K. (1944), *The Great Transformation: The Political and Economic Origins of Our Time,* Beacon Press.（野口建彦・栖原　学訳『新訳　大転換—市場社会の形成と崩壊—』東洋経済新報社，2009年。）
Wren, D. A (1994), *The Evolution of Management Thought,* 4th Edition, John Wiley & Sons.（佐々木恒男監訳『マネジメント思想の進化』文眞堂，2003年。）
Wren, D. A. and Greenwood, R. G. (1998), *Management Innovators,* Oxford University Press.（井上昭一・伊藤健市・廣瀬幹好監訳『現代ビジネスの革新者たち—テイラー，フォードからドラッカーまで—』ミネルヴァ書房，2000年。）
経営学史学会編（2002），『経営学史事典』文眞堂。
金森久雄・荒　憲治郎　森口親司編（2002），『経済辞典　第4版』有斐閣。
菊澤研宗（2006），『組織の経済学入門—新制度派経済学アプローチ—』有斐閣。
中村達也 他（1993），『岩波講座　社会科学の方法　V—分岐する経済学—』岩波書店。
正木久司・角野信夫（1989），『バーリ　経営学—人と学説—』同文舘出版。
三戸　公（1971），『ドラッカー』未来社。
三戸　公（2002），『管理とは何か—テイラー，フォレット，バーナード，ドラッカーを超えて—』文眞堂。
三戸　浩・池内秀己・勝部伸夫（2011），『企業論　第3版』有斐閣。
三戸　浩編著（2013）『バーリ＝ミーンズ（経営学史叢書　第V巻）』文眞堂

第III部
論　攷

7 組織均衡論をめぐる論争の再考
——希求水準への一考察——

林　徹

Ⅰ．序

　かつて組織均衡論をめぐって展開された二村（1971）と土屋（1976）の間での論争に対して，両主張を越えて，組織動態の一般理論構築に向けて相対所得仮説（Frey and Stutzer 2002）とエートス（以下，価値という）の概念の摂取が有効であること。これを本稿は論証する。

　第1に，組織均衡論をめぐる批判と反批判を振り返る。第2に，ハーツバーグによる二要因理論の見地に立ち，マーチ＝サイモン（March and Simon 1993）における組織均衡論を『オーガニゼーションズ』に基づいて読み解き，物的誘因と非物的誘因の間で揺れがあること，すなわちあたかも二要因が峻別されない「総合的満足」の誤謬と類似の側面が見出されること，さらに，組織革新の理論において物的誘因への傾斜が見られる点を明らかにする。第3に，相対所得仮説と価値の両方がハーツバーグによる指摘と親和的であることから，二村と土屋の論争を越えた組織動態の一般理論の構築可能性を示唆する。

　希求水準の議論は組織均衡論と組織革新論を理論的に接合しうる位置にある。よって，希求水準の解明と，その変化のメカニズムの探究は，組織革新の十全な説明，すなわち組織動態の一般理論の構築に資する意義を持つ。

Ⅱ．組織均衡論をめぐる論争

　バーナードによって創始され，マーチ＝サイモンによって引き継がれたと

される組織均衡論は，参加の決定と生産の決定を峻別しており，かつ，操作的な諸命題から成る体系を持っていることから，旧来の学説とは一線を画していると言われた。しかし，その後の心理学分野における進展をふまえて，そのような組織均衡論の学術上の意義について批判と反批判が交わされた。

まず，二村（1971）による批判の骨子はこうである。マーチ＝サイモンにおける組織均衡論には，誘因が正の効用，貢献が負の効用，という仮定がある。しかし，人は仕事を通じて精神的に成長したり希望を得たりするので，貢献には，他の構成員との人間関係に由来する正の効用もあるはずである。したがって，マーチ＝サイモンによる仮定は不適切である。

これに対して，土屋（1976）による反批判の骨子はこうである。マーチ＝サイモンの組織均衡論は，単なるモチベーション論として捉えられるべきではない。「やめるにやめられない」という現実[1]に鑑みれば，これを活動提供の一般理論として見ることもできる。しかし，バーナードが指摘する8つの誘因[2]を考慮すれば，たとえば，威信や地位や作業条件の変更を求める駆け引きなどによって，定型化された行動プログラムのモザイクへの働きかけをきっかけとして，組織動態の一般理論の基礎として積極的に捉えられるはずである。

要するに，マーチ＝サイモンによる組織均衡論は物的報酬に過度に依存していて，非物的報酬からの影響を軽視・無視している。よって伝統的な経済学の枠組みと同じである，これが批判のポイントである。他方，マーチ＝サイモンは，バーナードによる組織均衡論を，動機づけ理論へと矮小化している面はあるものの，組織動態の一般理論の基礎として積極的に再評価できるのではないか。これが反批判のポイントである[3]。

III．マーチ＝サイモンによる組織均衡論

以下では，ハーツバーグによる二要因理論の見地から，マーチ＝サイモンによる組織均衡論に関する引用・記述を批判的に読み解く。なぜなら，サイモン（Simon 1997, chapter 6），サイモンほか（Simon, Smithburg and Thompson 1991），マーチ＝サイモン（March and Simon 1993）で述べら

れている誘因（inducement or incentive）が，非物的なそれよりも物的なそれに傾斜しており，したがって，物的・非物的誘因（material or non-material inducement）の双方を注意深く扱っているバーナードによる組織均衡論がむしろ継承されていないと思われるからに他ならない。

1．二要因理論の特質

　まず，ハーツバーグによる二要因理論の要点を明確にしておく。この理論は，衛生要因と動機づけ要因が完全に分離された二元性にその特質と特長がある。ハーツバーグはあたかもバーナードの組織均衡論に回帰しているかのごとく，ちょうど物的誘因と非物的誘因に対応するかたちで，職務不満要因と職務満足（動機づけ）要因を峻別している。さらに，以下のようにマズローを批判している。

　たとえば，「マズロー理論には落とし穴がある。低次欲求が満たされることは絶対にない[4]」ばかりでなく，「不幸を減らそうとして金銭を欲するのは正常であるが，幸福のために金銭を追求するのは異常である。心理的苦痛を減らそうとして身分を欲するのは正常であるが，幸福を期待して身分を追求するならやはり異常である[5]」からである。したがって，マズローによる欲求5段階説は，これを低次欲求と高次欲求の2段階に簡素化し，かつ，それらが互いに次元を異にするものとして，全体的に修正される必要がある。

　それゆえに，両者を合成して一元化した「総合的職務満足」あるいは「総合的満足」という概念には意味がないし，それに基づいた何らかの仮説を検証してもその結論は不毛である（Grigalinas and Wiener 1974）。それはちょうど，愛憎が対立する感情ではなく異質で独立した感情であることに鑑みれば，愛憎を一元的に見ることが重大な誤解を招くのと同じ理屈である。

　加えて，ハーツバーグによれば，「二要因理論は老齢化の個人差と文化的規範を考慮する必要がある[6]」。これは，「衛生要因の改善が短期効果しかないのに対して動機づけ要因の改善が長期効果を持つという，両者のダイナミクス[7]」とも首尾一貫する。このようにハーツバーグは，人を，ヒトとして肉体的側面のみを扱うのではなく，心も寿命もある人格として総合的に捉えている。その点はマズローとも共通してるが，満足と不満に対する捉え方が既述の通

り大きく異なっている。ハーツバーグによるこういった指摘は，後述するように，相対所得仮説や価値と親和的である。

2．『オーガニゼーションズ』の分析

　サイモンの関心のひとつは人間行動を解明することであった[8]。また，不確実性の研究から，人間の何らかの行為を予測する際に「人は如何にして期待や信念などを形成していくのか」を明らかにする必要性をサイモンは説いていた[9]。その意味で，ウェーバーのそれと共通していたと言える。なぜなら，「ウェーバーによれば，エートスはどんな社会にもあるが，滅多なことでは変化しない。ただし，条件次第では変化することもある。宗教改革によって，カルヴァン派の人々の間で起こった。このエートスの変化が，それまで不可能であった近代資本主義社会を成立させる，決定的な契機であった[10]」からである。したがって，マーチ＝サイモンにとっての組織（わけても革新）という研究対象は，ちょうどウェーバーにとってのエートス（の変化）という研究対象，これと類似の関係にある。

　けれども，マーチ＝サイモンは，先行する科学的管理法と人間関係学派を批判することにより，バーナードによってその意義が強調された「非公式組織」を分析対象から排除し，公式組織のみをその理論的な分析対象とした[11]。その結果，以下にみるように，マーチ＝サイモンは，非物的誘因の存在を認めながらも経済的・物的誘因に傾斜しているように思われる。

　第1に，賃金報酬を強調している記述を確認する。

　「人間についてのモデルのうち，経済的な誘因を軽視しているものは，たいていの人間にはあてはまらない，貧弱なモデルである。[12]」

　「効用関数についての3つの仮定：(1)効用関数は緩慢にしか変化しない。(2)効用関数は，それに対応する誘因ないし貢献に関して単調である。賃金の増額のもつ効用がどうであるかわからないとしても，それは正である。(3)とても広範な階級にわたり，人々の効用関数はほとんど同一である。所与の下位文化の中では，価値観にいちじるしい違いはない。[13]」

　第2に，非賃金報酬の存在を認めているものの，それと賃金報酬との関係を明確にしないまま引用または記述している部分を順次，検討する。

「動機づけの手段としての賃金という誘因の自動的なききめに対して深刻な問題が投げかけられている。その一般的な結論は，すなわち，(a)賃金支払額は，報酬体系の中の数多くの報酬のうちの1つ（しかし1つのものとしてはおそらく最大のものだが）にすぎない。(b)（略）(c)これらの効用は，希求水準の変動につれて，時とともに変化するものであり，そのため賃金誘因の効果は，安定していない。」[14]

ここで彼らは，誘因／貢献の差引がゼロの点と，離職する／しないの分水嶺が必ずしも合致しない原因を非賃金報酬にあることを示している。しかし，両者の関係は明らかにされず，単純化によって論点がそらされているようにみえる。

「生産部門のある従業員が満足していない（dissatisfied）と想定しよう。そのばあい，代替的選択肢は次のようである。(1)その組織を離れる。(2)その組織の生産規範に従う。(3)生産を向上させずに満足の機会を求める。」[15]

ここでは生産性と満足（satisfaction）の関係について議論している。しかし，その満足が，職務不満要因の解消によるものか，職務外における満足要因の探索ないし獲得によるものか，それとも両方なのか，不明である。

「雇用関係から退出する動機について，3つの命題を言明できる。(1)個人自らが掲げる職業適性とその職務の性質について，その合致の程度が高いほど，満足水準も大きい。（略）(2)その職務とその遂行手段との関係が予測可能であれば，満足水準も高い。（略）(3)職務上の要請と他の役割の要請が両立していれば，満足水準も高い。」[16]

ここで引用されている満足水準（level of satisfaction）は，明らかに非物的誘因と関係している。にもかかわらず，

「『満足できる』状況がどういうものであるかを決める一連の基準をもつ，あるシステムを考えてみよう。ある有機体にとって，こうした基準には，空腹にならないとか，危険があってはならない，といった要件が含まれるかもしれない。企業にとっては，『満足』の要件は，特定の利益水準，市場占有率，財務上の流動性，であるかもしれない。」[17]

と，ここで述べている満足できる（satisfactory）状況は，明らかに物的誘因と強く関係している。

第 3 に，組織革新を導く最適ストレスに関する記述を吟味する。

「一般的な仮説として，革新は，組織に対する『ストレス』が高すぎも低すぎもしないときに，もっとも急速でかつ激しいものになるだろう。[18]」

「革新についての仮説のすべては，革新の過程それ自体はプログラム化されないという仮定に立っている。このモデルでは，革新への刺激は外在的である。[19]」

これらから確認できるように，革新のモデルにおいてマーチ＝サイモンは，組織を定型化された行動プログラムのモザイクとみている。であれば，ストレスに繋がる刺激は物的誘因に限定しなければ外在的（external）たりえない。さらに，刺激を自生的（natural）とするために，定量化できる変数（売上や利益，または研究開発の成果）の値の増減（first derivatives）に注目することを説いている。[20] よって，非物的誘因はストレスの構成要素から排除されている，と解することができる。

以上みたように，ストレスが革新の契機であることは間違いない。ただし，彼らが組織を行動プログラムのモザイクとみる限り，その契機は物的誘因に限定される。この点，二村による批判は妥当である。他方で，組織動態の一般理論の構築を目的とする土屋による反批判が論理的に整合的なものとなるには，マーチ＝サイモンの組織観に修正を加える以外に手はない。

にもかかわらず，土屋の主張には相応の根拠がある。なぜなら，組織動態の一般理論の構築のための手がかりもあるからである。たとえば，

「人間は，機械とは対照的に，他の人々の価値観に照らして自分の立場を評価し，他の人々の目的を自分の目的として受け入れるようになる。[21]」

「自己イメージは変化する。とりわけ，自己イメージは，希求水準の変化に対応して変化するのと同様に，環境条件の変化に対応して変化する。身分，賃金，職務上の希求は，経験や，自らに匹敵すると思われる他者との比較に応じて，変化する。[22]」

「個人の希求水準にかかる重要な命題は，希求水準は時間が経過すると，実績の水準に順応する傾向がある，ということである。[23]」

なるほど，希求水準は時間とともに変化する。しかし，以下の議論は微妙である。すなわち，そのような変化を「不満へのゆるやかな対応という日本

的経営の真の強み」(川端 1982) とする評価。業績主義や能力主義が原則として過去の実績によって賃率を定めるシステムであるのに対して，伝統的な日本的年功序列制度が目先の利益分配ではなく内部留保によって将来の拡大成長を志向した未来傾斜原理に基づく (高橋 1996) ものであるという主張。変革へのエネルギー源となる現状に対する不満を「よい不満」(加護野 2012) とする解釈。これらである。なぜなら，いずれも，あたかも満足と不満を一元的に捉えている（総合的満足の概念を採用している）かのように見えるからに他ならない。

　たとえば，日本的経営が，動機づけ要因を基礎に現時点の衛生要因を決定するシステムである，と高橋は言う。しかし，彼の調査項目には，「現在の職務に満足感を感じる」，「チャンスがあれば転職または独立したいと思う」，この2つしかない。これではマーチ＝サイモンと同様であり，二要因との関係が不明瞭である。

　他方，加護野は，雇用の不安定を「悪い不満」としている。「不満」は衛生要因に関することで間違いないであろう。そのうえで，かりに，「よい」を動機づけ要因を伴う，「悪い」をそうではないとみるなら，組織動態の一般理論の構築にとって示唆に富む表現である。川端の議論は，どちらかと言えば高橋の説に近いように思われる。

IV．相対所得仮説と価値

　これらの解釈に加えて重要なのは，フレイ＝シュトゥッツァーにおいて実証的に確認されている「相対所得仮説」である。すなわち，組織動態の契機は，二要因にあてはめれば，「不満」もしくは「満足でない」状態に求められる。

　まず，前者は単純な定量的要素の増減以外に何を基準とすべきか——たとえば，基準となる対象は過去の自身（自社や自社の前身など）の姿なのか——という問題が残る。それに対する1つの答えが相対所得，すなわち，たとえば同世代の他者（たとえば，社齢に大差がない同業他社）との関係を前提とする相対的な判断の尺度である。

次に，後者は非物的誘因としての価値と関連する。相反する価値が鋭く対立するとき，双方とも変化せざるを得ない。しかも，その変化の方向に注目すれば，互いが歩み寄り旧が新を抑えることもあれば，互いに斥けあい旧が消えて新のみが残ることもある。実際の組織革新はそれら両者を含む。たとえば，チャンドラー（Chandler 1962）が導出したシュンペーター流の「組織革新」の本質は，価値の交代である。

V. 結語——組織動態の一般理論に向けて——

人はなぜ「その職場で」働くのか。なぜ「その人（たち）と」働くのか。これは，人はなぜ働くのかという単純な，しかし奥の深い問いとは本質的に異なる。それらの問いを無造作に繋げると，マーチ＝サイモンが陥ったような誘因の特定におけるぶれを招く。重要なのは，協働の相手，すなわち人間関係と，職務の遂行と達成に対する期待感である。この点，バーナードは慎重であった。なぜなら，手足の寄せ集めとしての公式組織と心の拠り所としての非公式組織，これら両者の関係を丁寧に論じているからである。[24]

行き届いた社会保障下で，衛生要因だけが希求水準を左右することはありえない。逆に，動機づけ要因はすべてであると言ってよい。こうしてみると，加護野が言う「よい不満」は，用語としての妥当性は別として，理論的には意味深長である。

長寿社会にあって，長期的な効果を持つ動機づけ要因もしくは非物的誘因の具体的な展開は，きわめて重要である。組織均衡の概念は元来，営利企業に限定される概念ではない。山本（1968）や門脇（1968b）が喝破したように，（マーチ＝サイモンによるそれではなく）バーナードによる組織均衡論は，クラシック中のクラシックである。二要因理論の見地から組織均衡論を再考した結果，相対所得仮説と価値の概念を摂取することで，かつての論争を越えて，組織動態の一般理論への道が拓かれるように思われる。

注
1） 門脇 1968a，90頁。個人の組織に関する認識の見地から，人間モデルの変遷をふまえて意味充実人モデルを提唱した研究として寺澤（2012）があげられる。

7　組織均衡論をめぐる論争の再考　　99

2）　Barnard 1968, pp. 139-149, 翻訳書, 148-55頁。ただし, バーナードは特殊的誘因4つと一般的誘因4つにわけているが, これら8つの誘因は, 物的誘因6つと非物的誘因2つに再分類できる。
3）　組織均衡論をめぐる論争に関する主な先行研究には, 占部（1965）, 門脇（1968b）, 川端（1982）, 眞野（1990）, 山本（1968）, などがある。組織動態研究のサーベイについては, 稲葉・山倉（1985）を参照。
4）　Herzberg 1976, p. 48, 翻訳書, 71頁。
5）　*Ibid.*, p. 65, 翻訳書, 94頁。幸田（1996）は, マクレーランドの達成動機説（達成欲求, 権力欲求, 親和欲求）, マズローの5段階説, アルダーファーのERG理論（成長欲求, 関係欲求, 存在欲求）, マグレガーのX・Y理論, ハーツバーグの動機づけ・衛生要因, これらを相互に対応（114頁, 表5-1）させようと試みているものの, 個々のレベルの連続・不連続, あるいは次元の異同が不明瞭である。また, ハーツバーグの説にも問題がないわけではない。たとえば, 動機づけ要因への倒錯という実例（Herzberg 1966, 翻訳書, 114-138頁, 第3図-第19図, N=17）をふまえてもなお,「対人関係」を衛生要因としていることが妥当かどうかがそれである。
6）　Herzberg 1976, pp. 324-325, 邦訳, 451-452頁。
7）　*Ibid.*, p. 101, figure 3, 翻訳書, 136頁, 表2-4。
8）　March and Simon 1993, p. 21, 初版翻訳書, 5頁。
9）　Simon 1985, p. 300 ; 高 1995, 447頁。
10）　橋爪, 橋爪・副島 2011, 159頁。
11）　March and Simon 1993, p. 20, 初版翻訳書, 3頁。
12）　*Ibid.*, p. 80, 初版翻訳書, 95頁。原文を参照のうえ改訳を施している。
13）　*Ibid.*, p. 106, 初版翻訳書, 132頁。原文を参照のうえ改訳を施している。傍点は引用者による。3つの仮定の妥当性に関してはFrey and Stutzer（2002）を参照。
14）　March and Simon 1993, p. 38, 初版翻訳書, 29頁。原文を参照のうえ改訳を施している。傍点は引用者による。「安定していない」理由の1つにアンダーマイニング効果がある。
15）　*Ibid.*, p. 70, 初版翻訳書, 78頁。原文を参照のうえ改訳を施している。
16）　*Ibid.*, p. 114, 初版翻訳書, 143-144頁。原文を参照のうえ改訳を施している。
17）　*Ibid.*, p. 196, 初版翻訳書, 267頁。原文を参照のうえ改訳を施している。
18）　*Ibid.*, p. 205, 初版翻訳書, 281頁。原文を参照のうえ改訳を施している。
19）　*Ibid.*, p. 205, 初版翻訳書, 281頁。傍点は引用者による。
20）　*Ibid.*, pp. 205-206, 初版翻訳書, 281-282頁。
21）　*Ibid.*, p. 83, 初版翻訳書, 100頁。原文を参照のうえ改訳を施している。傍点は引用者による。
22）　*Ibid.*, p. 116, 初版翻訳書, 146頁。原文を参照のうえ改訳を施している。傍点は引用者による。
23）　*Ibid.*, p. 203, 初版翻訳書, 279頁。原文を参照のうえ改訳を施している。
24）　グレープヴァインに加えて, 挫折・落胆を癒し, 理想・希望を育む機能を持つ。

参考文献

Barnard, C. I. (1968), *The Functions of the Executive*, 30th Anniversary ed., Cambridge, MA: Harvard University Press (Originally in 1938).（山本安次郎・田杉 競・飯野春樹訳『新訳・経営者の役割』ダイヤモンド社, 1968年。）
Chandler, Jr., A. D. (1962), *Strategy and Structure: Chapters in the History of the Industrial Enterprise*, Cambridge, MA: MIT Press.（三菱経済研究所訳『経営戦略と組織―米国企業の事業部制成立史―』実業之日本社, 1967年；有賀裕子訳『組織は戦略に従う』ダイヤモンド社, 2004年。）

Frey, B. S. and Stutzer, A. (2002), *Happiness and Economics: How the Economy and Institutions Affect Well-being,* Princeton, NJ: Princeton University Press. (佐和隆光監訳・沢崎冬日訳『幸福の政治経済学―人々の幸せを促進するものは何か―』ダイヤモンド社, 2005年。)

Grigaliunas, B. and Wiener, Y. (1974), "Has the research challenge to Motivation-Hygiene Theory been conclusive? An analysis of critical studies," *Human Relations,* Vol. 27, No. 9, pp. 839-871. (北野利信訳「動機づけ=衛生理論に対する調査的挑戦は決定的であったか: 批判的諸研究の分析」『能率と人間性』東洋経済新報社, 1978年, 369-411頁, 第5章。)

Herzberg, F. (1966), *Work and the Nature of Man,* Cleveland, OH: World Publishing. (北野利信訳『仕事と人間性―動機づけ-衛生理論の新展開―』東洋経済新報社, 1968年。)

Herzberg, F. (1976), *The Managerial Choice: To Be Efficient and to Be Human,* Homewood, IL: Dow Johns-Irwin. (北野利信訳『能率と人間性』東洋経済新報社, 1978年。)

March, J. and Simon, H. A. (1993), *Organizations,* 2nd ed., Cambridge, MA: Blackwell (Originally in 1958). (初版の翻訳書:土屋守章訳『オーガニゼーションズ』ダイヤモンド社, 1977年。)

Simon, H. A. (1985), "Human nature in politics: The dialogue of psychology with political science," *The American Political Science Review,* Vol. 79, No. 2, pp. 293-304.

Simon, H. A. (1997), *Administrative Behavior: A Study of Decision-Making Process in Administrative Organizations,* 4th ed., New York: Free Press (Originally in 1945). (二村敏子・桑田耕太郎・高尾義明・西脇暢子・高柳美香訳『新版・経営行動―経営組織における意思決定過程の研究―』ダイヤモンド社, 2009年。)

Simon, H. A., Smithburg, D. W. and Thompson, V. A. (1991), *Public Administration,* Piscataway, NJ: Transaction Publishers (Originally in 1950).

稲葉元吉・山倉健嗣 (1985),「組織革新論の展開」『組織科学』第19巻第1号, 78-89頁。

占部都美 (1965),「バーナード-サイモンの組織均衡理論の批判的検討」『国民経済雑誌』第111巻第2号, 36-55頁。

高橋伸夫 (1996),「見通しと組織均衡」『組織科学』第29巻第3号, 57-68頁。

加護野忠男 (2012),「労務政策はなぜ劣化したのか」『日本労働研究雑誌』第627号, 1頁。

門脇延行 (1968a),「バーナード=サイモンの組織均衡論について」『彦根論叢』第128号, 80-92頁。

門脇延行 (1968b),「組織均衡論の発展:バーナードからサイモンへ」『彦根論叢』第132号, 273-287頁。

川端久夫 (1982),「組織均衡理論と組織の境界」『経済学研究』第47巻第5号, 73-85頁。

幸田浩文 (1996),『イギリス経営学説史の探求―グレーシャー計画とブラウン=ジャックス理論―』中央経済社。

高 巖 (1995),『H. A. サイモン研究―認知科学的意思決定論の構築―』文眞堂。

土屋守章 (1976),「組織均衡の理論と組織動態」『経済学論集』第42巻第1号, 70-81頁。

寺澤朝子 (2012),『個人と組織変化―意味充実人の視点から―』改訂版, 文眞堂。

橋爪大三郎・副島隆彦 (2011),『新装・増補版・小室直樹の学問と思想』ビジネス社。

二村敏子 (1971),「「組織均衡論」の批判と展開」『経済と経済学』第29巻, 107-126頁。

眞野 脩 (1990),「バーナードとサイモンの組織均衡論:サイモンの誤謬」『経済学研究』第39巻第4号, 1-10頁。

山本安次郎 (1968),「組織論史におけるバーナード理論の意義―組織均衡理論を中心に」『経済論叢』第101巻第1号, 1-21頁。

8　高信頼性組織研究の展開*
——ノーマル・アクシデント理論と高信頼性理論の対立と協調——

藤　川　なつこ

Ⅰ．はじめに

　福島第一原子力発電所における原子力事故の発生から3年の月日が経過した。事故発生以降，日本の経営学の学術雑誌では，企業の危機管理に関連するテーマが盛んに取り上げられた。こうした流れの中，「高信頼性組織（High Reliability Organization: HRO）」研究への関心が，日本でも高まりつつある。しかしながら，高信頼性組織研究という研究分野がそもそもどのような研究を行っており，どのようにして生成，発展してきたかについてほとんど知られてこなかった。

　そこで，本稿では，高信頼性組織研究全体の概観を通じて，高信頼性組織研究の歴史的な整理を試みる。まず，高信頼性組織研究という研究分野の位置づけについて説明する。次に，高信頼性組織研究の生成，発展の歴史を，4つのフェーズに分けて考察する。その上で，高信頼性組織研究の対立する2つのアプローチであるノーマル・アクシデント理論と高信頼性理論を比較し，その関係を明らかにする。最後に，ノーマル・アクシデント理論と高信頼性理論の理論的統合の必要性について言及する。

Ⅱ．高信頼性組織研究とは

　高信頼性組織研究は，組織事故研究（組織が引き起こした事故の原因を解明し，防止策を考案しようとする研究）の一分野として位置づけることができる。高信頼性組織研究は，組織事故研究の代表的なアプローチであるヒュー

マンエラー研究から遅れて1980年代後半に誕生し，両者は互いに影響を与えながら発展してきた。ヒューマンエラー研究では，人間工学や認知心理学の観点から，なぜ事故が生じたのかという原因を明らかにしようとしてきた。それに対し，高信頼性組織研究では，どのような組織にすれば事故が防げるかという解決策を提示しようとしてきた。したがって，ヒューマンエラー研究では，分析対象が主として人間であるのに対し[2]，高信頼性組織では組織を主たる分析対象としている。

また，高信頼性組織研究は，事故の危険性が高い状況下にありながらも高い信頼性（reliability）[3]を保っている組織に分析対象を限定した，経営組織論の一研究分野である。ひとつの事故が社会に与える影響が大きく，試行錯誤の学習が許されず，危険性が高い状況下にもかかわらず，事故を未然に防ぐことに成功しているような，高い信頼性の実績をもった組織が，高信頼性組織研究では研究対象とされてきた[4]。

したがって，高信頼性組織研究は，第1に，事故を防止する組織特性を解明しようとする。第2に，危険な状況かつ高い信頼性という条件を備えた組織に分析対象を限定する。つまり，高信頼性組織研究は，危険性が高い状況下で高い信頼性を保ち，事故の防止を可能にする組織の構築に資することを目標とする研究分野である。

このような高信頼性組織研究は，2つのアプローチが対立しつつ，相互作用して，発展してきた。2つのアプローチの根本的な違いは，"組織は事故（アクシデント）を未然に防ぐことができるのか"という問いに対する見方である。一方は，高度な技術を有した複雑なシステムにおいては，複雑な相互作用とタイト・カップリングによって事故が避けられないと考える悲観的な見方であり，他方は，冗長性や信頼性の文化の構築を通じて事故を未然に防ぐことができると考える楽観的な見方である。

前者の見方が，①事故の不可避性や原因究明に焦点を当てたノーマル・アクシデント理論（Normal Accident Theory：以下NATと略記する）であり，後者が，②危険性の高い状況下で高い安全性の実績を残している組織の信頼性に焦点をあてた高信頼性理論（High Reliability Theory：以下HRTと略記する），である。どちらも組織特性を分析対象としているが，NATは

表1 高信頼性組織研究に関連する特集号

立　場	Charles Perrow	Scott D. Sagan	Karl E. Weick	Robert P. Gephart, Jr.	Karlene H. Roberts	Jennifer J. Halpern	Gene I. Rochlin	Todd R. La Porte
	NAT	NAT	HRT（中立）	HRT（中立）	HRT	HRT	HRT	HRT
Industrial Crisis Quarterly（1989年3巻2号）			○		○	○	○	
Journal of Contingencies and Crisis Management（1994年2巻4号）	○	○					○	○
Organization & Environment（2004年17巻1号）	○	○	○	○				

（出所）　著者作成。

事故を引き起こす原因としての組織特性を明らかにしようとするのに対し，HRTは事故を防ぐ要因としての組織特性を考察しようとする。

　高信頼性組織研究は，一般的には，後者のHRTの方を指す。しかし，高信頼性組織研究は，NATとHRTの相互作用を通じて発展してきたので，高信頼性組織研究の歴史を語るうえでは，NATは必要不可欠である。したがって，本稿では，NATとHRTの両方を高信頼性組織研究と捉え，それらの相互作用に見られる両者の関係から高信頼性組織研究の発展の歴史を考察する。

　NATとHRTの関係の変化は，3つの高信頼性組織研究に関連する学術雑誌の特集号（表1）から読み取ることができる。最初の特集号である1989年の *Industrial Crisis Quarterly* 誌（3巻2号）では，高信頼性組織研究の成長期にあり，高信頼性組織研究の中でも特にHRTが脚光を浴び，多くの論文が生み出された時期である。次に，1994年 *Journal of Contingencies and Crisis Management* 誌（2巻4号）では，NATとHRTの間では，対立関係が明確に示され，活発な議論が繰り広げられている。それが2004年の *Organization and Environment* 誌（17巻1号）では，一転して，NATとHRTの対立的な議論は沈静化し，Karl E. Weickのセンスメーキング（Weick 1995）の視

104　第Ⅲ部　論　攷

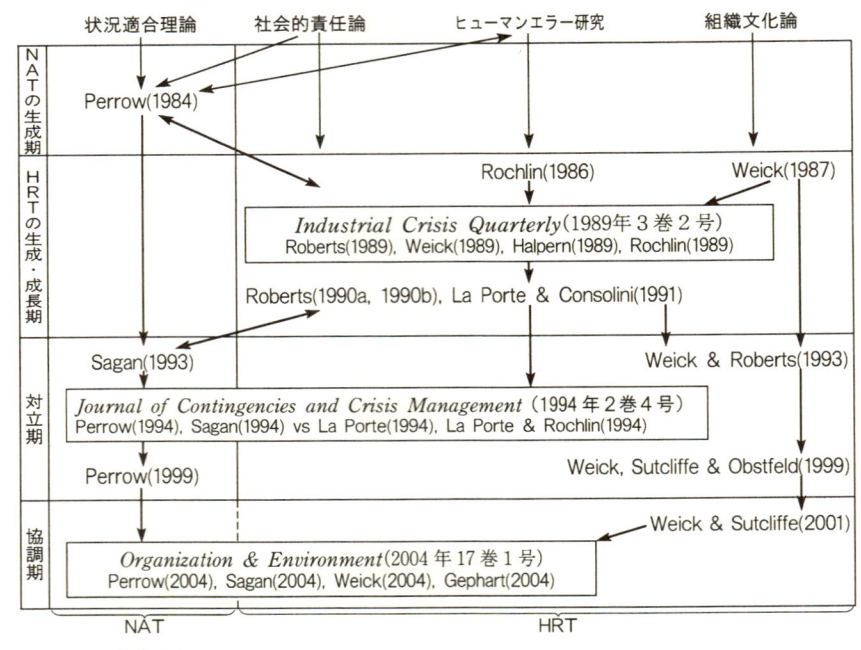

図1　ノーマル・アクシデント理論と高信頼性理論の展開

	状況適合理論	社会的責任論	ヒューマンエラー研究	組織文化論
NATの生成期	Perrow(1984)			
HRTの生成・成長期			Rochlin(1986)	Weick(1987)
	Industrial Crisis Quarterly(1989年3巻2号) Roberts(1989), Weick(1989), Halpern(1989), Rochlin(1989)			
	Roberts(1990a, 1990b), La Porte & Consolini(1991)			
対立期	Sagan(1993)			Weick & Roberts(1993)
	Journal of Contingencies and Crisis Management（1994年2巻4号） Perrow(1994), Sagan(1994) vs La Porte(1994), La Porte & Rochlin(1994)			
	Perrow(1999)			Weick, Sutcliffe & Obstfeld(1999)
協調期				Weick & Sutcliffe(2001)
	Organization & Environment(2004年17巻1号) Perrow(2004), Sagan(2004), Weick(2004), Gephart(2004)			

　　　　　NAT　　　　　　　　　　　　　HRT

（出所）　著者作成。

点からむしろ両者を関係づけようとしている。すなわち，これまで明確に示されていた NAT と HRT の対立の姿勢が，センスメーキングの概念により，協調的相互作用の可能性の提示へと変化する動きが見られた。

　したがって，本稿では，混沌とした高信頼性組織研究の発展の歴史を，4つのフェーズ（図1）に分けて整理し，それぞれのフェーズでどのような研究が中心的に行われたのかを考察する。すなわち，4つのフェーズとは，第1に，高信頼性組織研究が生まれるきっかけをつくった NAT の生成期（1980年代半ば），第2に，NAT に対する批判から HRT が誕生した時期（1980年代後半），第3に，HRT からの批判をうけて，NAT が反批判を繰り広げた，HRT と NAT の議論の対立期（1990年代），第4に，NAT と HRT の協調期（2000年代以降），である。このように，高信頼性組織研究は，NAT と HRT の相互作用を通じて発展し，その過程で，NAT と HRT の関係が対立から協

調へと変化してきた。次節では，高信頼性組織研究の発展の歴史を，4つのフェーズに分けて，詳しく見ていこう。

III．高信頼性組織研究の生成と発展の歴史

1．ノーマル・アクシデント理論の生成期

高信頼性組織研究が誕生するきっかけとなったのは，1979年に発生したスリーマイル島（TMI）での原子力発電所事故である。TMIの事故後の政府の事故調査委員会による原因究明では，弁を閉めたままにした責任が誰にあるのかを見つけ出すために多くの時間が費やされた。TMIの事故の調査に見られるように，事故の原因の約60％から80％がオペレーターのエラーに帰せられることに，疑問を呈したのがCharles Perrow[5]である。

Perrowは，TMIでの原子力発電所事故の原因究明を，従来から行われてきたヒューマンエラーの視点からではなく，システムの視点から行った。TMIの事故から5年後の1984年に*Normal Accidents: Living with High-Risk Technologies*を上梓した[6]。その中では，人にとって死が避けられないのと同じように，システムにとってアクシデントは避けられない固有の特性であるとして，ノーマル・アクシデント，すなわちシステム・アクシデントの解明が行われている[7]。システム・アクシデントは，3つの特徴を有する。第1に，ひとつひとつの些細な失敗（インシデント）が，タイトに連結されることで，システムは多元的な失敗の相互作用の結果（アクシデント）に遭遇する[8]。第2に，アクシデントは，6つの構成要素，すなわちDEPOSE構成要素：デザイン（design），設備（equipment），手続き（procedures），オペレーター（operators），供給・原材料（supplies and materials），環境（environment），の失敗の相互作用によってもたらされる。第3に，このような相互作用は，予期しえないだけでなく，危機的状況下においては理解することもできない。

さらに，ハイリスクなシステムにおいて，アクシデントの不可避性をもたらす要因として，2つのシステムの特性，①複雑な相互作用と②タイト・カップリング，に着目した[9]。相互作用を線形であるか複雑であるかという次元と，システム内部の要素のカップリングがタイトであるかルースであるかという

図2 相互作用／カップリング・チャート

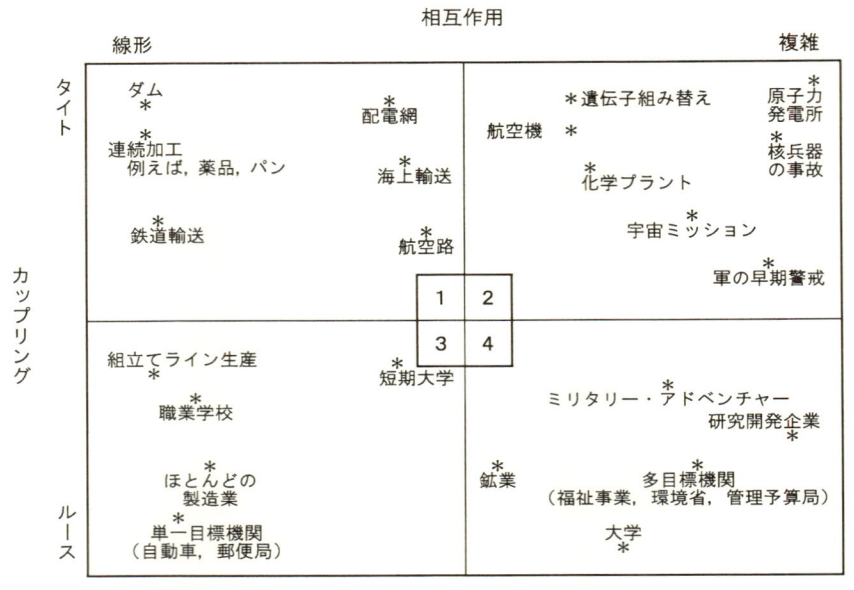

```
                          相互作用
  線形                                              複雑
タ  ダム*          配電網        *遺伝子組み替え   原子力
イ                             航空機*            発電所
ト  連続加工       海上輸送*                       *核兵器
    例えば，薬品，パン          *化学プラント       の事故
カ  鉄道輸送*      航空路*       宇宙ミッション*
ッ                                                *軍の早期警戒
プ                            ┌─┬─┐
リ                            │1│2│
ン                            ├─┼─┤
グ                            │3│4│
                              └─┴─┘
    組立てライン生産*  短期大学*
    職業学校*                   ミリタリー・*アドベンチャー
                                         研究開発企業*
    ほとんどの                 鉱業*     多目標機関
    製造業*                             （福祉事業，環境省，管理予算局）
ル  単一目標機関*                        大学*
ス  （自動車，郵便局）
```

（出所）Perrow（1984）より作成。

次元で分類し，2つの次元を組み合わせることで，システムを相互作用／カップリング・チャート（I／Cチャート）の4つのタイプに分類し，位置づけた（図2）。

NATの嚆矢であるPerrow（1984，1999）の論旨は，次の5点に集約される。第1に，潜在的に爆発性の，あるいは有毒な原料を変換するシステムや敵対的環境におかれたシステムは，見ることや予期ができない多くの相互作用を伴うデザインを要求する。第2に，DEPOSE構成要素の全てが完全であることはありえないので，失敗は起こりえる。第3に，複雑な相互作用が，計画された安全装置を無効にする，あるいはそれらを迂回する場合，予期せぬ，理解困難な失敗となる。第4に，システムがタイトに連結されている場合，失敗から回復する時間がほとんど残されておらず，資源のスラックや偶発的な安全装置も稀少であるため，失敗は，部分やユニットに限定されず，サブシステムやシステム全体にまで波及する。第5に，これらのアクシデン

トは，最初は構成要素の失敗から引き起こされるが，こうしたシステムそれ自体の性質により，インシデントからアクシデントに発展する。したがって，複雑な相互作用，タイト・カップリングのシステム（セル2）では，システム・アクシデントは，避けられない。

2．高信頼性理論の生成・成長期
——ノーマル・アクシデント理論に対する批判——

　高信頼性組織研究の第2のフェーズは，HRTの生成，成長期である。1980年代後半，NATに対する批判からHRTが誕生し，バークレー・グループ[10]を中心に高信頼性組織に関する学際的な研究（Roberts 1989, 1990a, 1990b; Rochlin 1986, 1989; Halpern 1989; La Porte and Consolini 1991）が行われた。[11]

　バークレー・グループは，Perrowによって示されたシステムの事故の不可避性を反証すべく，高信頼性組織研究を創始した。HRTの嚆矢とされるRoberts (1989, 1990a, 1990b)によれば，危険な業務を遂行する組織の中でも，長期間に亘って高い安全性を保持している組織がある。こうした組織では，「大災害に陥りかねなかった事態に，どのくらい遭遇し，防ぐことができたか」という質問に対し，何万回といったレベルの回答が得られる。そのような組織は，Perrowの言うインシデントを何万回も経験しながら，アクシデントは発生させていないので，高い信頼性を兼ね備えた組織ということになる。したがって，高信頼性組織とは，技術的リスクが高いにもかかわらず，高い信頼性を保持している組織を指す。

　さらに，Roberts (1989, 1990a, 1990b)は，Perrowの研究において逆機能をもたらすとされた2つのシステムの特性（複雑な相互作用およびタイト・カップリング）を抑制するために高信頼性組織で用いられる戦略やプロセス，さらに高信頼性組織が有する4つの特徴（①冗長性，②アカウンタビリティ，③責任，④信頼性の文化）を明らかにした（図3）。

　以上のように，バークレー・グループは，危険な状況下でも高い信頼性の実績を残す組織を取り上げ，その組織ではPerrow (1984)が示すシステムの逆機能を解決できていることを示す。したがって，HRTでは，組織は，適切

図3　逆機能をもたらす特性とその解決策

潜在的に逆機能をもたらす特性およびプロセス	逆機能を解決するために用いられる組織の戦略とプロセス	複雑性とタイト・カップリングの負の効果を減らすために用いられる戦略
複雑性 ・予期せぬ連鎖の可能性 ・複雑な技術 ・相容れない機能が相互作用する可能性 ・間接的な情報源 タイト・カップリング ・時間依存のプロセス ・オペレーションの順序の不変性 ・目標到達への単一手段 ・稀少なスラック	・継続的なトレーニング ・継続的なトレーニング ・機能を分離させる職務デザイン戦略 ・主要な直接的情報源 ・冗長性 ・階層分化 ・バーゲニング ・冗長性	冗長性 アカウンタビリティ 責任 信頼性の「文化」

(出所)　Roberts (1990b) より作成。

な行動と心構えを創り出すことによって，高度に信頼できる状態になりえ，システム・アクシデントの発生を防止することができる（Weick and Roberts 1993）と主張されている。

3．ノーマル・アクシデント理論と高信頼性理論の対立期
　　――ノーマル・アクシデント理論による反批判――

　第3のフェーズは，HRTからの批判をうけて，NATが反批判を繰り広げた，1990年代のNATとHRTの議論の対立期である。Perrow (1984) の研究を進展させた政治学者のSagan (1993) は，NATとHRTの対立の構図を明確にした。危険な状況下にある組織の安全性に対する2つのパースペクティブの相違の核心について，次のように示している。HRTは，相互作用の複雑性とタイト・カップリングという構造条件が理論上，組織をアクシデント傾向にするというPerrowの根本的なロジックに異論を唱えてはいない。しかしながら，HRTでは，人間の活動（agency），すなわち文化やデザイン，マネジメント，選択が，危険な組織構造の圧力を無効にする，あるいは埋め合わせる，というビジョンをもつ。したがって，Perrowは安全性のグラスで1％

の空白を見つけるのに対し，HRTは同じ安全性のグラスでも99％の完全さを見るという違いがある。

その上で，次の3点からHRTに対する反批判を行った。第1に，安全装置としての冗長性は，複雑性を増長し，それゆえアクシデントの可能性をかえって高めることに繋がる，第2に，ハイリスクなシステムでは，あいまい性の程度が高く，ゴミ箱プロセス（Cohen, March and Olsen 1972），すなわち不安定で不明確な目標，誤った理解，誤った学習，偶然の出来事，手段に関する混乱が，一般的となる，第3に，システム内の集団の関心が，安全性へのコミットメントを妨げる，ことを示した。

4．高信頼性組織研究における近年の展開——対立から協調へ——

最後のフェーズは，2000年代以降のNATとHRTの協調期である。対立期にNATとHRTの間で活発な議論が繰り広げられた結果，互いに補完的側面が存在することが明らかになった。同時に，Karl E. Weickを中心とした研究（Weick 1987, 1989）が，NATとHRTの関係を対立から協調へと導いた。Weickは，HRTの生成期から一貫して，人間や集団の意味づけ（組織化）の過程とそれを規定する組織文化の役割に着目する。

Weick（1987）は，「必要多様性」の問題に焦点をあてる。すべての潜在的危険性を有する技術においては，多様性の問題に直面する。多様性は，システム内に存在するので，それを制御しなければならない人の多様性を超越している。その結果，重要な情報を逃し，診断が不完全となり，対策が近視眼的となり，問題を減らすどころか，むしろ増幅させてしまう。したがって，アクシデントを減らすためには，システムの複雑性と人間の複雑性の適合が求められる。そこで，Weick（1987）は，2つの戦略，①システムの複雑性を減らす，②人間がより複雑になる，のうち，②を問題とする。すなわち，人間や集団の多様性を増大させることによって，システムの多様性に対処することが可能になり，アクシデントの削減に繋がると考える。さらに，組織内で，対面でのコミュニケーションやチームの解釈の異質性，物語に重きを置くことが，多様性の獲得に繋がることを明らかにしている。

Weick and Sutcliffe（2001, 2007）は，高信頼性組織の特徴として，マイ

ンド（複雑に組織化しようとする意志と能力）の高さを提示する。高信頼性組織では、「マインドをフルに働かせておくこと（mindfulness）」で、不測の事態を適切にマネジメントすることが可能となっている[12]。したがって、高信頼性組織では、マインドを高め、問題がまだ明確でない初期段階（インシデントの段階）で不測の事態を察知し、拡大を防ぐことにより、アクシデントを未然に防ぐことができる。さらに、あらゆる組織は、周囲の環境やそこに潜む危険に対する見方を、組織文化から生み出すため、マインドを備えた組織文化を創造することが、不測の事態への対処に繋がると結論づける。

　これまで見てきたように、高信頼性組織研究には、NATとHRTという2つの対立する見方が存在する。一方は、Perrowらが示すように、高度な技術を有した複雑なシステムにおいては、複雑な相互作用とタイト・カップリングによって事故が避けられないと考える悲観的な見方であり、他方は、バークレー・グループが示すように、冗長性や信頼性の文化の構築を通じて事故を未然に防ぐことができると考える楽観的な見方である。Weickは、こうしたNATとHRTの対立に対して、中立的な立場をとる（図4）。マインドフルな状態で環境の意味づけ（現実の社会的構成）を行うことが可能であれば、部分で生じたインシデントがシステム全体に波及するのを防ぎ、結果としてアクシデントを未然に防ぐことが可能であると考える。反対に、マインドレスな状態であれば、インシデントがアクシデントに波及してしまうことも示している。

図4　高信頼性組織研究の3つのアプローチ

```
    NAT                    HRT
                        （バークレー）
  事故は防ぐことが      事故は防ぐことが
  できない。            できる。
          ↘          ↙
              HRT
            (Weick)
        組織化(意味づけ)によって、
        事故を招く場合もあれば、
        防ぐ場合もある。
```

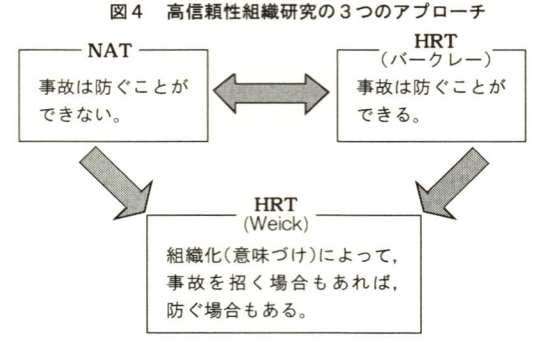

（出所）　著者作成。

Weickの研究を端緒にして，NATとHRTの対立から協調への動きが活発化している[13]。不確実性の高い状況下で，過去の事故から学び，事故を防ぐ組織を構築するためには，こうした近年の高信頼性組織研究の展開に見られるように，高信頼性組織研究におけるNATとHRTの対立点および関連性を明確にし，それらの対立を越えて，統合的視点から考察していくことが求められているのではないだろうか[14]。

IV. 結　語

高信頼性組織では，一般組織よりも信頼性に重きを置く。その主たる理由として，組織事故を起こした際に社会に与える被害の大きさがあげられる。原発事故の場合のように，組織事故の発生は，地域住民や将来の世代にまで大きな影響を及ぼす。したがって，高信頼性組織の経営は，一般組織よりも広く，長期的な視点から捉える必要がある。また，一般組織に比べ，高信頼性組織では，平時と有事の際とで，求められる管理が大きく異なる。したがって，こうした二重性（集権―分権，安定性―柔軟性，技術―環境）の管理を行うことができるかが，高信頼性組織の信頼性の条件になる。

最後に，今後の課題として，次の5点が残されている。第1に，NATとHRTの理論的統合の可能性を追究する必要がある[15]。第2に，リスクの評定とそれに関わるパワーの問題を取り扱う必要がある。第3に，失敗も許されない危険な状況下に置かれながらも学習し，即興的に偶発的な事故に対処する組織の特性を明らかにする必要がある。第4に，高信頼性組織研究の知見を組織一般へと拡張する可能性を探究する必要がある。第5に，高信頼性組織研究の知見を実証的に検証することで，理論の有効性を示す必要がある。

ますます技術の高度化する現代の複雑な組織の経営が，過去の組織事故から学び，技術的な合理性の追求を越えた社会的な安全性・組織の信頼性の構築へと目的の質的変容を遂げる必要性に迫られていることを，高信頼性組織研究の発展の歴史は示している。

注

*　本稿は，平成23年度～平成26年度科学研究費助成事業学術研究助成基金助成金（若手研究B，課題番号：23730348）に基づく研究成果の一部である。

1) 高信頼性組織研究は，1980年代後半からアメリカを中心に議論されてきた研究分野である。日本でも，2000年代前半以降，精力的に研究が展開されてきた。

2) ヒューマンエラー研究は，元来，ヒューマンファクターを研究対象にしてきたが，近年では，ヒューマンエラー研究の代表的な研究者であるReason（1997, 2008）に見られるように，分析対象を人間から組織まで拡大している。その結果，ヒューマンエラー研究と高信頼性組織研究の研究領域は，近接している。

3) 信頼（trust）と信頼性（reliability）は，異なる概念である。信頼は，信頼する人（信頼者）の特性であるのに対し，信頼性は，信頼される側（被信頼者ないしシステム）の特性である。システムに対する信頼において，信頼者は，①研究者，②外部の環境，③内部のリーダーやフォロワー，という3つのタイプに大別される。また，信頼する対象は，社会-技術システム論の立場から，①社会システムと，②技術システム，に分けられる。また，システムの高い信頼性に関して，本稿では，「不確実性の高い状況下であっても，システムが高い業績（performance）を維持することを可能にするシステムの特性」として定義する。

4) Roberts（1989, 1990a, 1990b）は，原子力発電所や原子力空母，航空管制システム，配電施設，国際的な銀行といった組織を想定している。

5) Charles Perrow（1925-）は，アメリカの社会学者であり，技術と組織構造の関係を強調した。Joan Woodward（1916-1971）を承けて，技術を，機械と技能を含むより広い変換プロセスと定義し，技術的制約に直面した組織や社会が人間生活に与える影響を研究していた（岸田 2012）。

6) TMIでの事故後，Perrowに対して政府から産業の信頼性に関する調査報告の要請があったが，Perrowはそれを断り，事故をもたらした組織的要因の解明に着手した。また，原子力発電所だけでなく，石油化学工場や航空産業，海難，ダム，核兵器，宇宙飛行，遺伝子組み換えといったハイリスクなシステムの危険性に関する分析も同時に行った。

7) "ノーマル"という言葉は，アクシデントの頻発性や予測可能性の意味からではなく，システムにとって固有の性質であるという意味で，用いられている。

8) システムを4つの階層レベル，①部分，②ユニット，③サブシステム，④システム，に分割し，部分やユニット・レベルにおける混乱をインシデントと呼ぶ。それに対し，サブシステムやシステム・レベルにおける混乱をアクシデントと呼び，インシデントとアクシデントを区別した。すなわち，インシデントでは，ダメージが部分やユニットに限定されるのに対し，アクシデントでは，サブシステムやシステム全体における失敗により，システムの継続中の，あるいは将来に亘るアウトプットの中断や減少が余儀なくされる。

9) Perrowは，Personal Note（Perrow 2004）の中で，原子力発電所と自身が勤める大学との違いを考えた時に，相互作用とカップリングに注目するという閃きが得られたと語っている。

10) 西本（2006）によれば，バークレー・グループとは，高信頼性組織研究を創始したアメリカ西海岸UCバークレー校に籍を置く研究者群を指す。そこには生みの親であるKarlene H. Robertsや政治学専門のTodd R. La Porte，エネルギー・資源政策を専門とするGene I. Rochlin, Paula Consolini, Jennifer Halpernなどが含まれている。また，Karl E. Weickがcorresponding memberとしてプロジェクトに参加しており，Charles PerrowやW. Richard Scottが調査研究コンサルタントとしてアドバイスを提供していた。

11) 研究の背景として，1980年代には，インドのボパールにおける有毒化学物質の漏出事故（1984年）やチェルノブイリ原子力発電所事故（1986年），スペースシャトル，チャレンジャー号の事故（1986年）が発生しており，そのような事故の原因究明だけではなく，事故の防止策として事故を

未然に防ぐ組織の特性を明らかにする目的があった。
12) Weick and Sutcliffe (2001, 2007) は，高信頼性組織には，次の5つの特徴が備わっていることを示した。すなわち①失敗から学ぶ，②単純化を許さない，③オペレーションを重視する，④復旧能力（レジリエンス）を高める，⑤専門知識を尊重する，という特徴である。
13) たとえば，Shirivastava, Sonpar and Pazzaglia (2009) は，オープン・システム・アプローチから，Leveson, Dulac, Marais and Carroll (2009) は，安全工学のアプローチから，NAT と HRT を統合しようとしている。
14) 本稿では，NAT と HRT の対立は，主として状況適合理論と組織文化論を背景知に，統合に向けて収斂してきたと考える。NAT と HRT の対立が激化した後に，Perrow (1999) は，増補した著書 *Normal Accidents: Living with High-Risk Technologies* の中で，次のように記述している。「HRT と NAT は矛盾するものではなく，互いに知識を補完するものである。システム特性の詳細な考察，要するに，システム・アクシデントの状況適合理論が必要とされている。」このような記述が，NAT と HRT の対立を，協調へと導いた一つの要因であると分析する。また，本稿では，Weick の研究は，組織文化論の観点から NAT と HRT を統合するものであると位置づける。Weick (1987) は，有事においては権限を現場に委譲することが求められるが，その際に集権的な役割をするのが組織文化であると考える。つまり，組織文化によって価値観や意思決定前提が共有されているため，集権かつ分権を同時に達成できることを示す。したがって，Perrow (1999) と Weick (1987) は，両者共に NAT と HRT の統合の必要性を示唆するものであるが，Perrow (1999) は，状況適合理論，すなわち組織デザインのレベルで統合しようとするのに対し，Weick (1987) は，組織文化論，すなわち人間や集団レベルで統合しようとする，という違いが見られる。
15) 狩俣 (2004) は，組織の信頼を，①対人的信頼，②システム的信頼，③コンテクスト的信頼，に分類する。NAT と HRT の理論的統合を行うために，それぞれの理論の根底にある信頼および信頼性が何を捉えようとするものなのかを明確にした上で，関係性を明らかにする必要がある。

参考文献

Cohen, M. D., March, J. G. and Olsen, J. P. (1972), "A garbage can model of organizational choice," *Administrative Science Quarterly,* Vol. 17, No. 1, pp. 1-25.

Gephart, R. P. Jr. (2004), "Normal risk: technology, sense making, and environmental disasters," *Organization and Environment,* Vol. 17 (1), pp. 20-26.

Halpern, J. J. (1989), "Cognitive factors influencing decision making in a highly reliable organization," *Industrial Crisis Quarterly,* Vol. 3, pp. 143-158.

La Porte, T. R. and Consolini, P. M. (1991), "Working in practice but not in theory: theoretical challenges of high-reliability organizations," *Journal of Public Administration Research and Theory,* Vol. 1, pp. 19-47.

La Porte, T. R. (1994), "A strawman speaks up: comments on the limits of safety," *Journal of Contingencies and Crisis Management,* Vol. 2 (4), pp. 207-211.

La Porte, T. R. and Rochilin, G. (1994), "A rejoinder to Perrow," *Journal of Contingencies and Crisis Management,* Vol. 2 (4), pp. 221-227.

Leveson, N. G., Dulac, N., Marais, K. and Carroll, J. (2009), "Moving beyond normal accidents and high reliability organizations: a systems approach to safety in complex systems," *Organization Studies,* Vol. 30 (02 and 03), pp. 227-249.

Perrow, C. (1984), *Normal accidents: Living with High-Risk Technologies,* (1st ed.) Princeton, NJ: Princeton University Press.

Perrow, C. (1994), "The limits of safety: the enhancement of a theory of accidents," *Journal of Contingencies and Crisis Management*, Vol. 2 (4), pp. 212-220.
Perrow, C. (1999), *Normal accidents: Living with High-Risk Technologies*, (2nd ed.) Princeton, NJ: Princeton University Press.
Perrow, C. (2004), "A personal note on normal accidents," *Organization and Environment*, Vol. 17 (1), pp. 9-14.
Reason, J. (1997), *Managing the Risks of Organizational Accidents*, Ashgate Publishing Limited. (塩見弘監訳, 高野研一・佐相邦英訳『組織事故―起こるべくして起こる事故からの脱却―』日科技連, 1999年。)
Reason, J. (2008), *The Human Contribution: Unsafe Acts, Accidents, and Heroic Recoveries*, Ashgate Publishing Limited. (佐相邦英監訳『組織事故とレジリエンス』日科技連, 2010年。)
Roberts, K. H. (1989), "New challenges in organizational research: high reliability organizations," *Industrial Crisis Quarterly*, Vol. 3, pp. 111-126.
Roberts, K. H. (1990a), "Managing high reliability organizations," *California Management Review*, Vol. 32 (4), pp. 101-114.
Roberts, K. H. (1990b), "Some characteristics of one type of high reliability organization," *Organization Science*, Vol. 1 (2), pp. 160-176.
Rochlin, G. I. (1986), "High reliability organizations and technical change: some ethical problems and dilemmas," *IEEE Technology and Society*, September, pp. 3-9.
Rochlin, G. I. (1989), "Informal organizational networking as a crisis-avoidance strategy: US naval flight operations as a case study," *Industrial Crisis Quarterly*, Vol. 3, pp. 159-176.
Sagan, S. D. (1993), *Limits of Safety: Organizations, Accidents, and Nuclear Weapons*, Princeton, NJ: Princeton University Press.
Sagan, S. D. (1994), "Toward a political theory of organizational reliability," *Journal of Contingencies and Crisis Management*, Vol. 2 (4), pp. 228-240.
Sagan, S. D. (2004), "Learning from normal accidents," *Organization and Environment*, Vol. 17 (1), pp. 15-19.
Shrivastava, S., Sonpar, K. and Pazzaglia, F. (2009), "Normal accident theory versus high reliability theory: A resolution and call for an open system view of accidents," *Human Relations*, Vol. 62, pp. 1357-1390.
Weick, K. E. (1987), "Organizational culture as a source of high reliability," *California Management Review*, Vol. 29 (2), pp. 112-127.
Weick, K. E. (1989), "Mental models of high reliability systems," *Industrial Crisis Quarterly*, Vol. 3, pp. 127-142.
Weick, K. E. and Roberts, K. H. (1993), "Collective mind in organizations: heedful interrelating on flight decks," *Administrative Science Quarterly*, Vol. 38 (3), pp. 357-381.
Weick, K. E. (1995), *Sensemaking in Organizations*, Sage Publication. (遠田雄志・西本直人訳『センスメーキング・イン・オーガニゼーションズ』文眞堂, 2001年。)
Weick, K. E. and Sutcliffe, K. M. (2001), *Managing the Unexpected*, (1st ed.) John Wiley and Sons. (西村行功訳『不確実性のマネジメント』ダイヤモンド社, 2002年。)
Weick, K. E. (2004), "Normal accident theory as frame link, and provocation," *Organization and Environment*, Vol. 17 (1), pp. 17-31.
Weick, K. E. and Sutcliffe, K. M. (2007), *Managing the Unexpected*, (2nd ed.) John Wiley and

Sons.
狩俣正雄 (2004),『支援組織のマネジメント』税務経理協会。
岸田民樹 (2012),「ペロー」経営学史学会編『経営学史事典 第2版』文眞堂。
西本直人 (2006),「HRO研究の現状と課題―事故分析における研究対象の移行とHRO―」『ICT業界にみる高信頼性組織（HRO）の現状と課題』JPCERTコーディネーションセンター。

9 人的資源管理と戦略概念

森 谷 周 一

I. はじめに

　本稿は，人的資源管理（human resource management: HRM）における戦略概念の意味・内容および特質を戦略的人的資源管理（strategic human resource management: SHRM）論に基づいて検討するとともに，人的資源管理における戦略，すなわち人事戦略についての精確な理解を企図するものである。戦略的人的資源管理論とは，企業内の人的側面に焦点を当て，その管理職能の直接的な業績および競争優位獲得への貢献可能性を積極的に評価したうえで，それを理論的・実証的に検討する諸研究であり，経営学の一領域である人的資源管理論の発展的アプローチとして捉えられる。

　近年では，戦略的人的資源管理研究が増加の傾向にあるとされている（Wright and Boswell 2002, p.250）が，戦略的人的資源管理がそもそもどういった概念であるのか，という概念規定の問題や，戦略的人的資源管理論の中心的アプローチである普遍的アプローチおよび適合的アプローチの有効性に関しても，未だに統一的な見解は存在していない[1]。

　上述のような問題意識を基にして，本稿では戦略的人的資源管理の概念規定の問題を検討し，次いで人事戦略の具体的なアプローチである普遍的アプローチ・適合的アプローチについて考察していく。その結果，両アプローチを統合した人事戦略策定の枠組みが示される。

II. 戦略的人的資源管理の概念規定

1. ヒトの管理職能と名称問題

20世紀初頭に成立したヒトの管理職能は今日までの約100年を通じて人事・労務管理（personnel management：PM），人的資源管理，そして戦略的人的資源管理とその呼称変更を伴う形で発展してきたにも関わらず，その名称の変更もしくは追加が何故生じたのかについて，必ずしも論者間で意見の一致があるわけではない。とりわけ，人的資源管理と戦略的人的資源管理の区別については現在もなお曖昧であるといわざるを得ない。ヒトの管理職能のフロンティアとして認識されつつある戦略的人的資源管理を，概念上より精確に理解することが今後のヒトのマネジメント研究の進展における理論的基盤となるという認識に立つと，接頭語としての「戦略的」がどのような意味を包含しているのかといった点に留意しながら人的資源管理との区別を検討することの意義は大きい。

　人的資源管理は，人的資本理論と行動科学をその理論的基礎に据え，人事労務管理を踏襲しつつも新たな概念として1960年代に生成した（岡田 2002）。しかし，人的資源管理の意味・内容が英米で盛んに議論されるようになったのは1980年代になってからであり，その契機は英米を中心とした，実践における労働力もしくは従業員（人的資源）の有効活用に対する関心の高まりにある。[3]

２．人的資源管理と戦略的人的資源管理の異同

　人的資源管理が人事・労務管理とは異なる理論的基盤を持ち，新たな役割を期待される中で多くの関心を集め，それに伴いその呼称がこの30年を通じて理論・実践の両面において浸透してきたという一連の歴史的展開に疑いの余地はないだろう。しかし，戦略的人的資源管理もまた1980年代に生起した概念として捉えられている。同時期に並立する形で提示・議論されてきた両者であるが，「戦略的」という接頭語を付与することにどのような含意が認められるのであろうか。

　戦略的人的資源管理は論者によって様々に概念規定されているが，もっともよく知られたものは，「組織がその目標を達成することを志向する，計画された人的資源開発と人的資源活動のパターン」という Wright and MacMahan の定義である（Wright and MacMahan 1992, p. 298）。その概念規定に基

づいて，戦略的人的資源管理に固有の特性として彼らが強調するのは，経営戦略もしくは企業戦略と人的資源管理諸制度・慣行の統合および人的資源管理の制度・慣行間の調和であり，それはすなわち垂直的にも水平的にも整合性を有する人的資源管理を意味する。実際，戦略的人的資源管理の名を冠した研究においてこのような適合性に関する事項を議論の俎上に載せる研究が1980年代に発表されたものだけでも数多く存在する（Baird and Meshoulam 1988；Fombrun, Tichy and Devanna 1984；Lengnick-Hall and Lengnick-Hall 1988；Miles and Snow 1984）。

しかし，同時期に人的資源管理の特徴を述べた研究もまた，これまでの人事・労務管理との差異を強調する根拠として，企業の全社的な戦略とヒトの管理職能との統合の重視という側面が示されている（Bratton and Gold 2003; Storey 1992; Wren 1994）。また，Beer et al.（1984）は，人的資源管理が人事と労務に関する様々な問題やニーズに後追い的・受動的に対応しているという現状から脱却する必要があるとして，能動的に人的資源管理を構成する諸制度・慣行間を統合していくことの重要性を論じている。すなわち，Beerらは人的資源管理の範疇において水平的適合の必要性を認識していたのである。以上から，経営戦略と人的資源管理の統合および，人的資源管理諸施策間の一貫性は，戦略的人的資源管理の特徴のひとつであったとしても，決定的に人的資源管理との差異を規定するには至らないことが明らかとなる。

3．戦略的人的資源管理の分析視角

では，戦略的人的資源管理の特殊性・新規性はどの点に見出すことができるのであろうか。この問題を直接的に検討した Truss and Gratton によると，人的資源管理と戦略的人的資源管理は質的に異なるものであるとしたうえで，その相違点に関し，「我々は戦略的人的資源管理を全体としての事業およびその環境と個人の管理・活用を結びつける包括的な概念と捉えるのに対し，人的資源管理はこの傘のもとで行われる組織活動と見なされる」（Truss and Gratton 1994, p. 666）と述べている。つまり，企業戦略を含めた組織内の活動のみに焦点を当てるのではなく，企業をとりまく経済的・社会的環境をも分析の視野に含めた人的資源管理こそが戦略的人的資源管理なのである。

Truss and Gratton は，これまでの人的資源管理論者が明示的に触れてこなかった組織外の環境との相互作用に注目し，その点に人的資源管理の戦略的側面を見出したという意味で，その所論は説得的である。「戦略的」という接頭語が，「企業の生き残りのみならず，競争優位の構築に関係することを意味している」（Boxall and Purcell 2011, p. 64）としても，それのみでは既存の人的資源管理との本質的な差異を述べたことにはならない。ヒトの管理に関する企業の選択に影響を与えるような組織外の社会・経済的な変数（例えば労働市場の状態，当該業界の技術水準，政府の雇用政策など）が，問題となる組織内の文脈でどのような意味があるのかを解釈し，最適な人的資源管理の諸制度・慣行を選択・実行することが，戦略的人的資源管理の本質であるといえる。

　このような企業の選択に基づいて導き出される，人的資源管理の制度・慣行群が人事戦略として認識される（Boxall and Purcell 2011）。したがって，人事戦略は経営戦略への適合を伴う人的資源管理の様態を意味するのではなく，企業の競争優位の構築を志向し，広範な企業内外の環境を分析視角の中に包含したうえで，当該組織によって選択される人的資源管理職能の集合体を指す。これを前提としたうえで，戦略的人的資源管理論の中心的検討課題のひとつである，人事戦略の策定の議論へと進むこととしよう。

Ⅲ．人事戦略のアプローチ類型

1．普遍的アプローチと適合的アプローチ

　上述の概念規定を基礎として戦略的人的資源管理論では，優れた人事戦略を説明するアプローチである普遍的アプローチと適合的アプローチが提唱されている。普遍的アプローチは，競争戦略や業界の特性などといった，企業内外の状況要因とは関係なく，唯一最善の人事戦略が存在するという仮定のもとでその人事戦略の特定に主眼を置く。例えば，Walton は，従業員に高い責任と幅広い職務を提供し，相互依存的な集団関係を形成することで，従業員からのコミットメントを獲得するコミットメント戦略を採用することが，従業員満足，欠勤率といった代替的業績指標とともに，最終的な企業の経済

的パフォーマンスを向上させることを主張した（Walton 1985）。現在では，「従業員のスキル，コミットメント，生産性を向上させ，人的資源が競争優位の源泉となるようデザインされた人事慣行・施策群のシステム」（Datta, Guthrie and Wright 2005, p. 136）と定義される高業績人材マネジメントシステムが当アプローチの代表的概念として認知されており，従業員の参画の増大，豊富な訓練，インセンティブの提供などがその中心となっている（Appelbaum et al. 2000）。

一方，適合的アプローチは「適合」の名が示すように，特定の状況要因に対する人事戦略の適合を重視し，それによって高業績，競争優位の獲得を企図するアプローチである。例えば，Schuler and Jackson は，3つの競争戦略（イノベーション戦略，品質向上戦略，コスト削減戦略）に求められる人事戦略をそれぞれ提唱した（Schuler and Jackson 1987）。さらに，先の概念規定を反映するように，単に競争戦略のみならず，企業内外の環境要因との相互作用の中で人事戦略が多様に変化することの必要性が主張されている（Jackson and Schuler 1995 ; Truss and Gratton 1994）。

2．両アプローチの位置づけ

一見すると，普遍的アプローチと適合的アプローチは，状況要因との関連を人事戦略策定において考慮するか否かという点において対立的であるかのように思われるが，近年においては，両アプローチは対立しているわけではなく役割を異にするだけであるとする見解が支配的である。例えば，Becker and Gerhart によると，抽象的なレベルでは唯一最善の人的資源管理が存在し，より具体的なレベルでは導入される人事慣行・方策が異なり，両者はそもそも分析レベルが異なる（Becker and Gerhart 1996, pp. 784-787）。Boxall and Purcell もまた，企業が実際に採用する人事慣行・施策は様々な状況要因の影響を受けて変化するが，その背後にはどの企業にもあてはまる一般原理としてのベストプラクティスが存在すると述べ，適合的アプローチを記述論，普遍的アプローチを規範論として位置付けている（Boxall and Purcell 2011, pp. 94-96）。

以上のような両アプローチの関連についての知見を総合すると，このよう

に整理できる。すなわち，人事戦略が状況要因の影響を受けて変化し，多様性を伴う形で表面化することは自明のこととしても，人事戦略の策定過程において起点となるのは，普遍的アプローチで提示される人事戦略ということになる。端的に表現すれば，人事戦略の策定過程は，普遍的アプローチ→適合的アプローチという順序で進行するのである。

　人事戦略の策定過程において両アプローチを上述のように位置づけることの妥当性は，他の点にも求めることが可能である。つまり，普遍的アプローチには様々な問題や欠陥が内在しており，その理論上の限界が普遍的アプローチに修正を迫り，その結果，適合的アプローチを反映した人事戦略が形成されると考えられるのである。それでは，普遍的アプローチの人事戦略に修正をせまる要因とは何であろうか。以下において，普遍的アプローチを代表する人事戦略である高業績人材マネジメントシステムが内包する問題点として①採択に伴うコストの問題，②受益者の不明確さ，そして③論者間での構成要素の違いの3点を挙げるとともに，それぞれに対応する経済的要因，政治的要因，そして社会的要因という，人事戦略の各修正要因を提示することとしよう。

Ⅳ．高業績人材マネジメントシステムの問題点と修正要因

1．人材マネジメントシステムの費用対効果：経済的要因

　高業績人材マネジメントシステムは包括的な訓練やインセンティブなどを通じて，より従業員への投資を志向しているのは明白である。それにもかかわらず，高業績人材マネジメントシステムの有効性を検討するにあたって，品質や生産性を業績指標として措定した実証研究においては採用に伴うコストという側面が看過されている（Gerhart 2007, p.330）。高業績人材マネジメントシステムはそれに伴うコストという観点から，その妥当性が評価される必要がある。

　高コストという高業績人材マネジメントシステムの特質は，経営財務上それらに投資できるだけの経済的余力がなければそれを実行することができないことを意味する。つまり，高業績人材マネジメントシステムを実行できる

だけの資金がある限りにおいて，企業はその採用・実行が可能だが，そうでなければ修正が施された，より低コストの人事戦略を採用することとなる。また，高業績人材マネジメントシステムの費用対効果が他の人事戦略と比して優位であることが，その採用条件となる。これらが，人事戦略の第一の修正要因としての経済的要因である。

2．誰が利益を享受するのか：政治的要因

高業績人材マネジメントシステムが優れた成果をもたらすとしても，「それが誰にとって優れているのか」については決して明らかにされていないのが現状である。企業にとって有益なのか，それとも株主にとって，もしくは，従業員にとって「ハイ・パフォーマンス」なのか。例えば，特定のベストプラクティスが企業側と従業員側で受け取る便益についてトレードオフ関係が成り立つ時，普遍的アプローチはその関係に対する適切な説明ができない (Boxall and Purcell 2011, p.85)。

以上の記述から，2つ目の修正要因である政治的要因が抽出可能となる。つまり，企業，事業および経営に関わる多くの利害関係者の中で誰のためのベストプラクティスなのかという点が不明確であることに起因して，人事戦略の策定および実行に主に関わるマネジャー，人事スペシャリストおよびラインマネジャーなどの間で高業績人材マネジメントシステムを採択することに対して同意が得られないことが想定される。このような事態に直面した際には，人事戦略は企業内でのコンセンサスが得られる形で柔軟に変化するであろう。

3．構成要素の不統一：社会的要因

高業績人材マネジメントシステムが実践的・理論的に多くの示唆を我々に供与していることに異論はないが，同じ「高業績人材マネジメントシステム」というラベルが貼付されていたとしても，その内容は必ずしも同一ではない。(Becker and Gerhart 1996, pp.784-785)。かかる指摘を受けて Boxall は，高業績人材マネジメントシステムという用語そのものが記述的ではなく，その性質を特定することが困難であることを論じたうえで，従業員苦情手続き

の制度が，アメリカ以外の国では法律上の必要条件であることを例示しながら，高業績人材マネジメントシステムが法律や文化といった社会的なコンテキストとの関連について説明力が弱いことを述べている (Boxall 2012, pp. 172-173)。つまり，高業績人材マネジメントシステムがいずれの国や社会においても正当性および妥当性を有するものとして受け入れられるかどうかに関しては疑問の余地が残されているのである。

3つ目の修正要因である社会的要因はこの指摘と関連している。すなわち，社会的コンテキストの観点から評価した際に，高業績人材マネジメントシステムが必ずしも特定の社会の中で正当性や妥当性を有するわけではないという事実を勘案すると，社会的要因の影響を受けて修正が行われうることを我々は認識できる。

4．人事戦略策定の枠組み

3つの修正要因を基にして普遍的アプローチと適合的アプローチを統合した包括的な人事戦略策定の枠組みが提示できる。たとえ高業績人材マネジメントシステムの採用を念頭に置いたとしても，必ずしも速やかに実行に移されるわけではなく，当該システムが内包する問題点から抽出された各修正要因によって，高業績人材マネジメントシステムがどの程度実行可能であるかということが規定される。その上で，高業績人材マネジメントシステムが実行可能であれば，それがそのまま採用される。逆に，ひとつもしくは複数の修正要因が採択において問題になるとすれば，高業績人材マネジメントシステムはその修正要因に導かれて異なる人事戦略へと変容を見せることとなる。これらの人事戦略の合理的な修正および変化は企業内外の状況要因と適合することを通じて達成されるため，適合的アプローチの表出および実践として認識される。

最後に，本稿で提示した枠組みの実践的含意について，述べておこう。まず，普遍的アプローチに基づく人事戦略を理想の人事戦略と位置づけることで，おおよそすべての企業が採用すべき人事戦略についての情報を提供し，企業が現在採用している人事戦略との相違を客観的に評価することが可能となる。これは人事戦略の多様性を前提とする適合的アプローチでは説明し得

なかった点であり，その限界を克服した本枠組みの実践上の特質といえよう。さらに，人事戦略策定者が理想と現実との差異を認識した際に，それが何故生じたのかが，各修正要因に照応させて当該人事戦略を評価することで明らかになる。たとえば，普遍的アプローチで示されるような豊富な訓練や権限移譲を積極的に行う職務設計が実際には採用されていなかったとすると，本枠組みを援用して，その原因を企業の資金不足（経済的要因）や現場での従業員と監督者の不和（政治的要因）などに見出せる可能性がある。普遍的アプローチの議論は「どのような企業でもベストプラクティスの人事戦略を採用できるわけではない」という事実を軽視している点において，現実の人事戦略を説明するうえでの限界が認められる。本枠組みはその限界を克服し，人事戦略策定における評価基準の提供という意味で固有の実践的含意が存在すると考えられる。

V．おわりに

以上において検討されたように，本稿では戦略的人的資源管理の概念規定を基礎にしながらその代表的な考察方法である普遍的アプローチと適合的アプローチの関連性を検討することで，両アプローチの紐帯として提示された3つの修正要因を含む，新たな人事戦略策定の枠組みを提唱した。これまで戦略的人的資源管理は，既存概念であった人的資源管理との差異が必ずしも明確にはされておらず，本稿ではその独自性と新規性を，組織外のコンテキストを包含した分析視角の拡大と，人事戦略の策定者による戦略的選択が企業の競争優位構築に対して直接的な影響を与えるという点に求めた。さらに，普遍的アプローチで提示される諸慣行を修正する要因の体系化という観点から両アプローチを理論的に関連付けながら整理するという分析視角は，これまでの戦略的人的資源管理論研究には見られない。これらの点が本稿における主張の特色であり，その結果，戦略的人的資源管理の理論的基盤を確立するとともに，両アプローチの構図がより鮮明に示されたことが本研究の貢献であると考える。

一方で，本稿では人事戦略の創発性については言及することなく，上位管

理者の視点からその概念規定やアプローチの検討を行っている。この点が本研究における限界であり，深耕すべき課題である。

注
1) 普遍的アプローチと適合的アプローチは，前者がベストプラクティス・アプローチ (best practice approach) やユニバーサリスティック・アプローチ (universalistic approach)，後者がベストフィット・アプローチ (best fit approach) やコンティンジェンシー・アプローチ (contingency approach) などと呼ばれているが，本稿では日本語での正確な概念把握を目指すために，原語とは異なる表現を用いている。
2) 人的資本理論は知識や技能に対する投資が一国経済の発展に貢献することを明らかにした経済学からのアプローチであり (経営学史学会 2012, p.255)，人的資源管理への移行に際し，従業員への投資を正当化する論拠となった。
3) 人的資源管理への注目が英米で高揚した背景は，両国において共通であるとされており，1980年代を通じた人的資源の効果的活用による競争優位の形成に対する期待，躍進する日本企業やエクセレント・カンパニー (Peters and Waterman 1982) が実践する優れた人的資源管理モデルへの関心，労働組合の影響力の減退などが挙げられる (Guest 1987)。人事・労務管理と人的資源管理のより具体的な差異に関しては，Guest (1987) や Storey (1992) に詳しい。

参考文献
Appelbaum, E., Bailey, T., Berg, P. and Kalleberg, A. L. (2000), *Manufacturing Adavantage: Why High Performance Work Systems Pay Off*, Cornell University Press.
Baird, L. and Meshoulam, I. (1988), "Managing Two Fits of Strategic Human Resource Management," *Academy of Management Review*, Vol. 13, No. 1, pp. 116-128.
Becker, B. and Gerhart, B. (1996), "The Impact of Human Resource Management on Organizational Performance: Progress and Prospects," *Academy of Management Journal*, Vol. 39, No. 4, pp. 779-801.
Beer, M., Spector, B., Lawrence, P. R., Mills, D. Q. and Walton, R. E. (1984), *Managing Human Assets*, The Free Press.（梅津祐良・水谷榮二訳『ハーバードで教える人材戦略』日本生産性本部，1990年。）
Boxall, P. (2012), "High-Performance Work Systems: What, Why, How and for Whom?," *Asia Pacific Journal of Human Resources*, Vol. 50, No. 2, pp. 169-186.
Boxall, P. and Purcell, J. (2011), *Strategy and Human Resource Management: Management, Work and Organisations*, 3rd ed., Palgrave Macmillan.
Bratton, J. and Gold, J. (2003), *Human Resource Management: Theory and Practice*, 3rd ed., Palgrave Macmillan.（上林憲雄・原口恭彦・三崎秀央・森田雅也監訳『人的資源管理―理論と実践―』第3版，文眞堂，2009年。）
Datta, D. K., Guthrie, J. P. and Wright, P. M. (2005), "Human Resource Management and Labor Productivity: Does Industry Matter?," *Academy of Management Journal*, Vol. 48, No. 1 pp. 135-145.
Fombrun, C. J., Tichy, N. M. and Devanna, M. A. (1984), *Strategic Human Resource Management*, John Wiley and Sons.
Gerhart, B. (2007), "Horizontal and Vertical Fit in Human Resource Systems," in Ostroff, C. and Judge, T. A. ed., *Perspectives on Organizational Fit*, Psychology Press.
Guest, D. E. (1987), "Human Resource Management and Industrial Relations," *Journal of*

Management Studies, Vol. 24, No. 5, pp. 503-521.
Jackson, S. E. and Schuler, R. S. (1995), "Understanding Human Resource Management in the Context of Organizations and Their Environments," *Annual Review of Psychology,* Vol. 46, pp. 237-264.
Lengnick-Hall, C. A. and Lengnick-Hall, M. L. (1988), "Strategic Human Resource Management: A Review of the Literature and a Proposed Typology," *Academy of Management Review,* Vol. 13, No. 3, pp. 454-470.
Miles, R. E. and Snow, C. C. (1984), "Designing Strategic Human Resources Systems," *Organizational Dynamics,* Summer, pp. 36-52.
Peters, T. J. and Waterman, R. H. Jr. (1982), *In Search of Excellence,* Harper and Row, Publishers.(大前研一訳『エクセレント・カンパニー――超優良企業の条件―』講談社,1983年。)
Schuler, R. S. and Jackson, S. E. (1987), "Linking Competitive Strategies and Human Resource Management Practices," *Academy of Management Executive,* Vol. 1, No. 3, pp. 207-219.
Storey, J. (1992), *Development in the Management of Human Resources,* Blackwell.
Truss, C. and Gratton, L. (1994), "Strategic Human Resource Management: A Conceptual Approach," *International Journal of Human Resource Management,* Vol. 5, No. 3, pp. 663-686.
Walton, R. E. (1985), "From Control to Commitment in the Workplace," *Harvard Business Review,* March/April, pp. 77-84.
Wren, D. A. (1994), *The Evolution of Management Thought,* 4th ed., John Wiley and Sons. (佐々木恒男監訳『マネジメント思想の進化』文眞堂,2003年。)
Wright, P. M. and Boswell, W. R. (2002), "Desegregating HRM: A Review and Synthesis of Micro and Macro Human Resource Management Research," *Journal of Management,* Vol. 28, No. 3, pp. 247-276.
Wright, P. M. and McMahan, G. C. (1992), "Theoretical Perspective for Strategic Human Resource Management," *Journal of Management,* Vol. 18, No. 2, pp. 295-320.
岡田行正(2002),「人的資源管理の生成と理論的基礎要因―"personnel"から"human resources"へ―」『北海学園大学経済論集』第49巻第4号,239-254頁。
経営学史学会編(2012),『経営学史事典』第2版,文眞堂。

10　組織能力における HRM の役割
――「調整」と「協働水準」に注目して――

庭　本　佳　子

I．はじめに――問題提起――

　本稿は，組織能力概念の再定位を通じて，従来のHRM（Human Resource Management：人的資源管理）における戦略志向性の内実を問い直し，組織能力における HRM の役割を明らかにするものである。

1．HRM の戦略志向性
　今日の人事管理研究は，1960年代における PM（人事労務管理）から HRM へと研究の焦点を移行させ，さらに1980年代以降は SHRM（戦略的人的資源管理）へと研究領域を進展させてきた。そこには，従業員観をはじめとして領域の拡大にとどまらない見方の変化がある。
　HRM とは，「人のもつ諸能力を高めることが持続的競争優位を獲得するうえで極めて重要であることを強調する雇用関係管理の戦略的アプローチの一つ」とされる（Bratton and Gold 2003, p.7, 翻訳書，10頁）。従業員をコスト要因と捉える傾向にあった PM に対して，HRM は「教育や学習によってスキル（技能）を高め，企業に競争優位をもたらす存在」という従業員観を前提に，組織における個々人が組織目的の達成に向けて動機づけられ管理されるプロセスに注目する。ただ，その資源的人間観はやや受動的でもある。[1]
　このような HRM に内在する戦略志向性は，1970年代から1980年代に英米を中心に発展した SHRM においてより強調される。SHRM とは「業績改善のために，組織の戦略目標と人事機能とを連結する過程」（Bratton and Gold 2003, p.37, 翻訳書，61頁）であり，HRM の最大の規定要因が戦略であって，

HRMの諸施策が戦略実行の一環として計画的・体系的であることが強調される（Wright and McMahan 1992）。

そのようなSHRMの理論的根拠の一つとされたのが資源ベース視角理論（RBV: Resource-Based View of the Firm）である（岩出 2002, 49頁）。これに基づいて，戦略，HRM，業績などの中心概念が整理され，HRMが経営管理活動の中でも主体的かつ戦略的管理活動の中心になるべきだと主張された。

しかし，HRMないしSHRMが志向する「戦略への適合」において，「戦略」や「適合」とはいかなる意味かは必ずしも明確ではない[2]。また，組織成果との連結を主張しているにもかかわらず，HRM論における組織観や組織過程におけるHRMの位置づけは依然として曖昧だ。それは，第一にRBVの示す資源の中で人的資源がどのように競争優位の源泉であるのかをHRMが明確に示してこなかったからである。第二に，RBVの静態的な資源観・組織観自体にも問題があったからだと考えられる。戦略や組織成果との統合を志向するHRMが，その主体性を維持しつつ発展していくには，RBVにかわる理論的基盤を見出すことも必要であろう。

2．HRMの理論的基盤としての組織能力論

この点，RBVの一角から発展してきた組織能力論は，組織能力の能動的な特性に注目している点で組織過程におけるHRMの位置を明らかにし，HRMの戦略的展開の方向性を示唆している。もっとも，RBVを出自とする組織能力論においてもコンピタンス，ダイナミック・ケイパビリティ，コア・ケイパビリティ等の多様な概念が，一部では客体的な資源属性を引きずったまま用いられており，その内容を吟味することが必要である。

本稿では，以上のような問題意識からHRMの理論的基盤として組織能力論に注目する。まず，RBVから組織能力論への展開を概観し，組織能力概念を検討する。次に，組織能力を組織の調整力と協働水準と捉えた考察を行い，組織能力におけるHRMの位置づけを明らかにする。この検討と考察を踏まえて，組織能力論を基盤としたHRM研究の進むべき方向を探りたい。

Ⅱ．組織能力論の形成――RBV 論からの展開を中心として――

1．RBV における経営資源の属性研究

RBV は，企業内部の特殊な資源が競争優位に貢献する可能性を示した Wernerfelt（1984）に始まり，1980年代後半から1990年代に広く浸透した。経営資源に注目した研究は，未利用資源の活用が企業成長をもたらすことを論証した Penrose（1959）など，それ以前からある。ただ，近年の戦略論における資源への拘りは，企業の外部環境の分析に軸足をおいたマイケル・ポーターによるポジショニングアプローチへの対抗からであった。これに日本企業等の実証研究，組織的知識に関する諸研究が連動し，1990年代以降 RBV という研究運動と化したのである（沼上 2007）。学派として些かまとまりのない多様さが，組織能力論や知識ベース戦略論への展開に繋がった。

RBV の代表的論者バーニーは，資源を「企業に対して，能率性と有効性を改善する戦略を策定し，実行することを可能にするすべての資産，ケイパビリティ，コンピタンス，組織プロセス，企業属性，情報，知識」（Barney 2002, p.156, 翻訳書，243頁）など，戦略的に価値あるものとする。また，競争優位の源泉となる資源属性として，競争優位の獲得のための有価値性と希少性，競争優位を持続するための模倣困難性，代替不可能性を挙げ，特に競争優位の観点から，資源の非流動的で独自な模倣困難性を重視している。

このような RBV の資源観を論拠として，Wright et al. (1994) は，人的資源が持続的競争優位の源泉であることを示している。しかし，RBV のいう競争優位の源泉となる資源は，財務・物的・人的・組織的属性などのあらゆる属性を広く含み，人的資源に限るものではない。したがって，資源の属性要件を検討するだけでは，人的資源が競争優位の源泉になりうるということはできても，人的資源が競争優位につながるプロセスを示すことはできない。

そもそも RBV の資源観に対しては，資源の有価値性を前提としたことへの様々な批判が生じている。例えば遠山（2007）によれば，ある一時点において，資源が企業の財務的パフォーマンスに影響を与えた結果を事後的記述的に分析することはできるが，資源がいかにして戦略的に価値ある源泉となる

のかという価値の形成プロセスや，形成された価値がどのように管理されるのかという動態的分析をすることはできないという。

　より根本的な問題は，資源が競争優位の源泉であるためにはまず資源に価値があることを示さねばならない。だが，企業の独自性を強調するあまり，何が価値あるものなのかを判断する基準は市場に拠らざるを得なかった（庭本 2006）。

2．RBVの一角から発展した組織能力研究

　1990年代以降にRBVの一角から発展してきた組織能力論は，個々の資源と，資源を協働させ展開する能力とを明確に区別することによって，戦略的に何が価値を有しているのかを示そうとした。もっとも，経営資源を広く捉えれば，組織能力も経営資源といえる。バーニーも，資源と能力について「実践的にこれら諸概念の持つ内容にほとんど差異はない」と両者を同一視する（Barney 2002, p.157，翻訳書，245頁）。しかし，資源と能力を同義に扱い資源視角で能力を説明すれば，能力は客体的な資源一般の属性理解に埋没し，能力の主体的側面が弱められかねない。Prahalad and Hamel（1990）がコンピタンスを「集合学習が生み出す組織調整力と統合力」としながら，Hamel and Prahalad（1994）では「新製品を生み出す技術の束」と説明して混乱を招くのも，ここに起因している（庭本 2006）。

　Grant（1991）もまた資源と能力を区別することが重要だという。彼によれば，能力は一体化した資源の組み合わせが価値創出力をもつとき資源と区別される。資源は，組織過程を通じて動員され，組み合わされ活用されることによって（資源の協働），それぞれの力を十分に発揮することができる。したがって，組織能力とは欲する成果を得るため企業の資源を展開する能力であるが，ルーティンがその大きな部分を占めている。

　組織能力概念の中でも特に生産現場の実行能力に関する研究は，組織能力を端的に組織ルーティンの束と捉える傾向が強い。組織ルーティンのもとで各種の資源を結合し利用する転換プロセスの学習によって組織能力が形成されるとする。組織能力の具体的内実を個別的に明らかにしていくという目的の下，藤本（2003）が「トヨタ的ものづくりシステム」の内実を設計情報と

してよどみなく顧客に向けて創造・転写するチームの現場力と捉えているのも，組織能力を主にタスクの実行面や技術革新面から分析するものである。

ところで，ルーティンとは，繰り返されるものごと，同じ手順などを意味するが，組織における反復活動が形成しかつ規定するプログラム，ルール，慣習的知識は，組織ルーティンと呼ばれる。組織ルーティンは組織に速やかな動きと信頼性を与えるが，時間の経過や環境の変化とのズレが生じ，硬直化を招く。これを防ぎ環境変化に応じた適応力を重視する視点から，ダイナミック・ケイパビリティ論を展開したのが Teece et al.（1997）であった。彼（ら）は，まず学習によってケイパビリティを高め，競争力の向上をはかることを主張する。しかし，現行のケイパビリティの中核をなすルーティンを学習によって磨き洗練させるほど，慣性力が高まり硬直性を増す。

次に，製造・マーケティングなど業務遂行ルーティンの変更・調整・統合をはかる「ダイナミック・ケイパビリティ」を導入する。しかし，それ自体の硬直化が避けられないため，新たなメタ・ルーティンを導入せねばならず，更なるメタ・ルーティンへの無限後退が強いられそうだ。資源と能力の区別を試みた組織能力研究であったが，その能力把握は客体的な資源一般の属性理解から脱しきれず，能力を構築する能力が必要になるメタ能力論に陥ったように思われる。その根底には，組織の客体視・道具視があるだろう。

このような批判を意識し，とりわけ機能的ルーティンの逆機能化をもたらす慣性，硬直性（リジディティ）問題に応えようとしたのが，進化・生態モデルによった Teece（2007）である。この中でティースは，組織能力の競争優位性を説明するために，一見，Barnard（1938）が示す「有効性（effectiveness）」と「能率（efficiency）」に類似した「テクニカルな適合度」と「進化的適合度」という二つの基準を持ち込む。そして，ダイナミック・ケイパビリティは，機能を効果的に果たしている（「テクニカルな適合度」を満たしている）当該ケイパビリティがいかに企業を生存させるかという「進化的適合度」の問題であって，機会の感知（センシング：sensing）とそれを活かす能力（シージング：seizing），企業の有形・無形資産を結合し再構成する能力（リコンフィギュアリング：reconfiguring）であるとする。また，「顧客，競合他社，サプライヤー」といった外部環境の有する資源に対するコー

ディネイト能力の構築までを視野に入れたバランスのよい主張でもある。このように，ティースの示したダイナミック・ケイパビリティ論は，模倣困難性（独自性）からくるレジディティ（硬直性）をかなり和らげる工夫がなされており，RBV の到達点の一つといえるであろう。

もっとも，Teece (2007) においても，現場従業員の環境認識能力とそのもつ情報の活用を提案し経営機能の組織化を試みつつ，将来の環境の機会を感知する企業家機能は個人に帰属すると認識し，経営機能はトップ経営者個人ではなくトップ・マネジメント層（チーム）として為されるべきであるとしており，客体的・道具的な組織観に拠っているといえるだろう。

以上で概観した組織能力研究は資源と能力を区別しようと試みたにもかかわらず，能力を無意識に資源と同様に客体と位置づけてしまい，能力を構築する能力が必要になるメタ能力論に陥るとの批判を免れることができなかった。これらを踏まえて，次章においては，組織能力論における各研究でこれまであまり明らかにされてこなかった能力の主体性に注目しながら，組織能力を生み出し，その水準（質）を決める調整と協働に焦点を当て，考察を行うことにしたい。

III. 組織能力概念の再定位

1. 調整と協働が生み出す能力

組織能力を考察する場合，まず，資源と能力とを区別することが必要である。使われる客体的属性の強い資源に対し，能力はそれを使う主体的側面を示す表現だからである。

前章では，このような理解から組織能力研究を概観し，それらが組織能力の内容を実行面，環境変化への適応・革新面等の各側面から分析していることを示した。では，コンピタンス，組織ルーティン，ダイナミック・ケイパビリティ等で表される各組織能力概念に共通する本質的要素は何か。

この点，Prahalad and Hamel (1990) が提唱したコア・コンピタンス概念定義が，一つのヒントを与えてくれるだろう。彼らは組織能力を「組織における集団的学習，特に多様な生産スキルをいかに調整し，多様な技術の連

続的流れをいかに統合するかについての学習」とし，さらに「コミュニケーションをとって組織活動に参加していることであり，組織的境界を超えた仕事に対して深くコミットしていること」(p. 82) と捉える。これは，技術やスキルにとどまらない包括的な組織能力概念と環境の変化に対応して組織的知識も変化させていく組織能力の特性とを示している。すなわち，組織学習（集団的学習）を組織能力たらしめる鍵は，組織の「調整力」と「統合力」であり，そこに生み出される「協働」である。組織を，「二人以上の人々の意識的に調整された活動や諸力のシステム」(Barnard 1938, p. 73, 翻訳書，75頁) と捉えれば，組織能力は「組織の調整力によって能力の構成要素（資源）の総和を超える全体の力」だといえるだろう。この点，中橋（2005）は「一群の資源を組み合わせて能力に転換するのはこのような意味での組織である」(160頁) と明言しているし，「組織能力の水準を直接規定するのは，組織過程を構成する調整された活動の水準である」(庭本 2010, 20頁) との指摘もある。

「調整」と「協働」が産出する組織能力は，それ自体が調整された協働であり，コミュニケーションを通して相互に調整された全体としての組織シナジーにほかならない。たしかに，ティースのダイナミック・ケイパビリティ論にも組織能力における調整力の重要性は示されているが，上述のような組織能力概念はRBV論の一発展形態というだけにとどまらず，さらに活動的組織概念の具体化として新たな展開の可能性をもつのである。

2．組織と組織能力の関係

実に当たり前のことを確認しておきたい。組織能力は，「組織の能力」，つまり「組織が発揮する能力」であって，単なる能力ではない。その意味では，組織能力を理解するには，「能力」以上に「組織」をどのように理解するかが重要だろう。組織理解ないし組織観が異なれば，組織能力の理解も異なるからだ。それは，組織と組織能力の関係に典型的に現れるが，組織能力は①誰が②何を③どのように形成し向上させるのかを問うことでもある。

組織能力を語るにしても，構造的組織観にたてば組織は道具と捉えられ，組織能力の形成主体は道具としての組織の外にいることを暗黙のうちに前提にしている。主としてタスクの実行面から迫る組織能力論の多くが，形成主

体としてトップ・マネジメントを想定しているだろう。そこでは組織能力を駆使するマネジメントの姿が容易に浮かぶ。しかし，組織能力は組織目的に向けた資源の協働による価値創出力であるが，資源の協働や価値の創出は組織を通じて行われることを見逃してはならないだろう。

　グラントによりながらも，活動的な組織理解に立って，組織能力を「①組織が（誰が），②さまざまな資源を（何を），③組み合わせて調整，統合した全体の能力である」と巧みに説明するのが，中橋（2005）である。そこでは，資源を能力に転換する担い手を組織成員の行動に求めるグラントの言葉から，「一群の資源を組み合わせて能力に転換するのはこのような（バーナードにいうような；筆者注）意味での組織である」（160頁）と導かれている。この記述だけから解釈すると，「資源(A)は組織の調整力・統合力(B)によって（組織）能力(C)に転換される」となるが，BとCの関係が不分明だ。形式論理的にはBがAをCに転換する主体なら，BはCと異なる組織能力で能力(C)は客体である。物的要因が組織と結びつくとき，機能する物的システムとなり，あるいは「特定の仕事を遂行する力」となるという主張（「A＋B→C」）であるとも推測されるが，この点の言及はなされていない。

　RBVに出自をもつ組織能力論は，資源を起点とし資源の能力化を強調して組織能力を把握する。翻って，「焦点を組織(B)におく組織能力論」ないし「組織を主体とする組織能力論」によれば，組織能力とは「①組織が②その活動の質を③調整と協働によって向上させる」能力として捉えられる。

　戦略・管理・実行の各機能で表される経営機能が組織的に担われている場合，その行為主体は組織である。とすれば組織過程は，経営機能を担う組織の行為が展開される過程である。そのような組織過程は，生産・販売・人事といった各職能過程を対象として展開されている。そして，経営機能の遂行力は，調整された活動としての組織の水準（質）によって決定される。したがって，組織能力は，(i)組織自体の調整力と(ii)調整対象としての諸活動の水準である。組織能力の向上は，組織的に調整された活動それ自体の向上ゆえに，組織成員の協働の質を向上させることと，調整基準を創造していくことによって果たされる。

IV．組織過程における HRM の主体性

　グラントらの組織能力論は，人的資源が競争優位の源泉ではなく，人的資源の活用能力としての HRM が持続的競争優位の源泉となると示唆する。では，いかにして HRM が持続的競争優位の源泉となるのか。ここに，HRM 研究がめざした HRM と戦略・組織成果との統合は，組織能力において HRM がどのような役割を果たすのかという問いとして考察される。組織能力における HRM の位置づけを検討することで，これを明らかにしたい。

1．HRM 過程の特殊性
　組織過程は，主体としての組織が機能する過程であって，組織がその行為の対象ないし客体である購買・生産・販売・人事といった職能過程に働きかける過程である。ここから，HRM 過程の特殊性も浮かび上がる。

　それはすなわち，SHRM のように戦略との統合を強調しなくても，RBV から展開した組織能力論のように資源の能力化・価値化を主張しなくても，主体的で能動的であり得る HRM 過程の特性である。その根源は，組織行為の対象の一部でありながらも，他の諸活動と異なって組織の構成要素たる人々の協働意思を確保し高めていくというところにある。従業員の協働に深くかかわる HRM 過程は，組織行為の調整対象にとどまらず，組織行為自らの存在基盤を形成している。このような組織過程と HRM 過程のシンプルな関係の先に，組織能力における HRM の位置も見えてくる。

2．組織能力における HRM の位置づけ
　組織能力は，(i)組織自体の調整力と(ii)調整対象としての諸活動の水準であった。このうち，(ii)は，個々の要素の集合的総和を超える組織の全体性を組織成員の「協働」の面から説明するもので，これが HRM 過程と直結していることは容易に理解できる。他方，(i)は変化する環境を認識し組織自体のダイナミックな変革を可能にする能力で，直接には HRM 過程が及ぶものではないが，間接的には深く関わっている。組織能力は(i)によって戦略実行だけで

なく環境を認識し戦略を創造する調整基準の革新を担っているが，その調整基準，すなわち組織の環境認識能力と戦略創造能力は(ii)の協働によって担われる。もっとも，現場の組織成員やトップからミドルに至るまでの協働意思の確保が直ちに協働水準につながるとは限らない。その可否を握る調整力の重要性がここにある。

　このような考察をたどれば，戦略がHRMを規定するのではない。以上のような調整と協働による自己変容がもたらす組織能力概念に照らせば，HRMの戦略的意義は，従業員の協働水準を高めることにある。ここにHRMは，組織目的達成に適合した潜在的能力が高く多様な人間を確保し，戦略実行のために従業員が協働意欲を高め個々の能力を発揮できるような諸施策を整備するとともに，組織能力の向上へ結実させる調整力の構築のために学習の機会を提供することによって従業員の協働水準を高め，組織の環境認識能力，戦略創造能力に貢献する役割を果たすということができる。本稿のいう個性的で潜在能力のある人間は，一般的に自律性が高く時に組織と対立する主体的強さを持つ個人をも含んでいる。この点で，HRMの資源的人間観を越えるものといえる。

V．おわりに——今後の課題——

　この当たり前ともいえる結論に至った本稿を閉じるにあたって，簡単な整理をしておきたい。本稿は，様々な用語で表される組織能力概念の本質的な要素として「調整」と「協働」に焦点を当てた考察を行った上で，そのような組織能力におけるHRMの位置づけを検討することによってHRMが有する戦略志向性の内実の一つを示した。「調整」と「協働」からなる組織能力概念は，バーナードの活動的組織概念と戦略研究における組織能力論とを理論的に架橋しうる。その一端は本稿で示したが，今後の更なる研究課題である。さらに，組織能力ベースの人事管理論の構築に向けて，組織能力論の経験的な検証とHRMの諸施策が組織能力を向上させるプロセスのモデル化が必要となる。

注
1） Miles（1965）による「未開発の資源の宝庫」(p. 150) という言葉にも示されるように，HRMは人間を価値ある「資源」として重視する。個人を尊重する HRM の姿勢は，PM の人間観からは進歩しているといえる。しかし，人間の資源的側面を強調することに対しては，全人格的な存在としての人間を捉えきれていないとも批判される（三戸 2004）。本稿は，HRM の人間観に直接踏み込むものではないが，HRM の主体性が全体としての人間の主体性という問題の延長にあるテーマであることを指摘しておきたい。
2） SHRM で強調される戦略との「統合」や「一体化」は，戦略論における「環境認識」や「戦略の形成」等といった戦略本体との統合ではなく，現行戦略に対する適合化すなわち戦略実行の高度化を指す。それは戦略の実行上，重要ではあるが，同時に戦略の転換を困難にし戦略硬直化の原因の一つともなりうる。
3） もっとも，ここでいわれる「資源の協働」は，資源を組み合わせるという程度の意味合いであり，調整力と表裏一体として捉えられる「協働」ではないことに注意を要する。

参考文献

Barnard, C. I. (1938), *The Functions of the Executive,* Harvard University Press.（山本安次郎・田杉 競・飯野春樹訳『新訳 経営者の役割』ダイヤモンド社，1968年。）
Barney, J. B. (2002), *Gaining and Sustaining Competitive Advantage* (2nd Edition), Prentice Hall.（岡田正夫訳『企業戦略論（上，中，下）』ダイヤモンド社，2003年。）
Bratton, J. and Gold, J. (2003), *Human Resource Management: Theory and Practice* (3rd Edition), Palgrave Macmillan.（上林憲雄・原口恭彦・三崎秀央・森田雅也訳『人的資源管理―理論と実践―』文眞堂，2009年。）
Grant, R. M. (1991), "The Resource-Based Theory of Competitive Advantage: Implications for Strategy Formulation," *California Management Review,* Vol. 33, No. 3, Spring, pp. 114-135.
Hamel, G. and Prahalad, C. K. (1994), *Competing for the Future,* Boston, MA, Harvard Business School Press.（一條和生訳『コア・コンピタンス経営』日本経済新聞社，1995年。）
Miles, R. E. (1965), "Human Relations or Human Resources?," *Harvard Business Review,* Vol. 43, July-August.
Penrose, E. (1959), *The Theory of the Groth of the Firm,* New York: Wiley.（末松玄六訳『会社成長の理論』ダイヤモンド社，1962年。）
Prahalad, C. K. and Hamel, G. (1990), "The Core Competence of the Corporation," *Harvard Business Review,* Vol. 68, May-June, pp. 79-91.
Teece, D. J., Pisano, G. and Shuen, A. (1997), "Dynamic Capabilities and Strategic Management," *Strategic Management Journal,* Vol. 18, No. 7, pp. 509-533.
Teece, D. J. (2007), "Explicating Dynamic Capabilities: The Nature and Microfoundations of (Sustainable) Enterprise Performance," *Strategic Management Journal,* Vol. 28, No. 13, pp. 1319-1350.
Wernerfelt, B. (1984), "A Resource-Based View of the Firm," *Strategic Management Journal,* Vol. 5, No. 2, pp. 171-180.
Wright, P. M. and McMahan, G. C. (1992), "Theoretical Perspectives for Strategic Human Resource Management," *Journal of Management,* Vol. 18, No. 2, pp. 295-320.
Wright, P. M., McMahan, G. C., and McWilliams, A. (1994), "Human Resources and Sustained Competitive Advantage: A Resourced-based Perspective," *International

Journal of Human Resource Management, Vol. 5, No. 2, pp. 301-326.
岩出　博 (2002),『戦略的人的資源管理の実相』泉文堂。
遠山　暁 (2007),「企業革新におけるダイナミックケイパビリティ」遠山　暁編著『組織能力形成のダイナミックス』中央経済社, 23-43頁。
中橋國藏 (2005),『経営戦略論の発展　兵庫県立大学経済経営研究叢書LXXⅡ』, 兵庫県立大学経済経営研究所。
庭本佳和 (2006),『バーナード経営学の展開―意味と生命を求めて―』文眞堂。
庭本佳和 (2010),「経営理論における組織概念の生成と展開」『経営学史学会年報　第17輯』文眞堂, 9-20頁。
沼上　幹 (2007),「アメリカの経営戦略論と日本企業の実証研究―リソース・ベースト・ビューを巡る相互作用―」『経営学史学会年報　第14輯』文眞堂, 93-108頁。
藤本隆宏 (2003),『能力構築競争』中公新書。
三戸　公 (2004),「人的資源管理論の位相」『立教経済学研究』58巻1号, 19-34頁。

11　組織行動論におけるミクロ‐マクロ問題の再検討
——社会技術システム論の学際的アプローチを手がかりに——

貴　島　耕　平

Ⅰ．初言

　今日の組織行動論は，心理学をディシプリンに据えた研究として深化／進化する一方で，企業が直面する問題を解決できなくなっているという指摘がある（Katz and Kahn 1978; Heath and Sitkin 2001）。これに対し，心理学以外のディシプリンをいかに統合するかが，今後の組織行動論の理論的課題とされている。所謂，ミクロ‐マクロ問題である。本研究では，この理論的課題に対して，学際的方法を志向したにも関わらず，心理学化を徹底することとなった今日の組織行動論による対応方法の限界を指摘する。次に，社会技術システム論（以下STS）の学際的アプローチに，この問題を解消する糸口が見出せることを，学説を追いながら検討する。本研究は，以下の構成をとる。まず，Ⅱ章では，組織行動論が抱えるミクロ‐マクロ問題の検討を通して，その学際的方法の問題を指摘する。Ⅲ章では，STSを再訪する。とりわけ彼らが提唱していた学際的アプローチに注目し，今後の組織行動論に対する含意を検討する。

Ⅱ．ミクロ組織論としての組織行動論

1．組織行動論の心理学化

　組織行動論と一口に言っても，大まかに組織内の個人や集団の行動や態度に焦点化することは共通しつつ，その学術的ないし理論的基盤については論者によって様々であった。極端に言えば，例えばSchneider（1985）は，組

織行動論を「産業組織心理学で取り扱う個人,集団,そして組織の研究と,組織論,管理論との合流地点である。学問としては,心理学,社会学,管理学に基礎を持つ」(p. 574) と定義しており,組織行動論は経営学を包括する広大な学問分野と解釈することさえ出来る。

他方,現在の組織行動論は,専ら心理学をディシプリンとしたミクロ組織論として認識されている。Warner (1994) によれば,組織行動論の研究対象が個人の認知を通して組織文化を扱うところまで広がっており,その過程で心理学における動機付け理論や認知理論が援用されるようになっていたとされる。さらに,O'Reilly (1991) が指摘するように,昨今の組織行動論の研究テーマは職務態度や動機付け等,心理学における研究テーマが組織行動論でも重要なテーマになってきている。この流れは,心理学を通じて,組織行動論が「深化」してきたことを示す。

さらに,この運動は,いつしか組織行動論を心理学そのものへと「進化」させる,組織行動論の心理学化とでも言うべき現象も生み出してきた。例えば,Staw (1991) は,組織行動論のディシプリンは心理学であるかぎり,心理学で説明できる現象を対象とするのが組織行動論であるとしている。つまり,組織行動論は,いまや心理学の一応用領域としても認識されるようになっている。事実,心理学の学術雑誌で組織行動論の論文や特集が多く見られることは,その証左になるであろう[1]。

しかし,組織行動論の心理学化とともに,新たな問題も生まれている。心理学化した組織行動論では,個人の行動や態度に関する心理学的知識を得ることは可能かもしれないが,それは企業(組織)における問題を明らかにするものではありえないということである (Katz and Kahn 1978, p.2)。その原因として,心理学化した組織行動論では,個人の行動や態度に注目するあまり,組織という概念を用いる必然性がなくなったことが指摘されている (Heath and Sitkin 2001)。企業(組織)が直面する多様な問題を解決するには,心理学偏重では限界があるのである。

2．心理学を補うために求められた学際性

今日の組織行動論は,上述の限界に対して,心理学以外のディシプリンの

知見を学際的に援用することが重要だと考えている。しかし，複数のディシプリンを扱うためには，複数の理論前提を持つディシプリンの間の溝を埋めるという理論的課題が生まれる。すなわち，ミクロ‐マクロのギャップ（micro-macro gap）問題（以下，ミクロ‐マクロ問題）である（Molloy, Ployhart and Wright 2011）。

　この問題に対する取り組み方に注目してみよう。心理学化した組織行動論にとっては，心理学以外のディシプリンを援用することによって，いかにマクロ的な視点が得られるかが肝要になる。このとき，マクロ的視点を受け入れる理論的基盤は，あくまで方法論的個人主義の下で，個人ないし集団の行動を，個人や集団の持ちうる特性によって説明しようとする心理学にある。この図式にマクロな視点を追加するには，二通りの方法がある。

　ひとつが，説明変数として個人特性のほかに，組織の風土や国家の文化など，マクロ的な変数を追加することによって，現実に個人が取る行動に対する説明力を高めていこうとするものである（e.g., Griffin 2007）。具体的な研究としては，企業家の意思決定の原則に注目した Shepherd（2011）の研究があげられる。彼は，これまでの企業家の意思決定に注目した研究が，企業家のモティベーションやコミットメント等の，あくまで個人としての特性のみにしか注目してこなかったと指摘する。しかし，実際には，こうした特性以外にも，国家による文化の違いも，企業家の意思決定の原則に影響を及ぼしているはずだという仮説を立てている。

　もうひとつが，個人特性と個人の行動を媒介する変数として，マクロ要因を扱おうとするものである。具体的な研究としては，集団のパフォーマンスの向上に注目する Mathieu et al.（2007）は，集団の特性としてコミュニケーションの質と集団への参加の程度という，それまで扱われてきた心理学的な要因が，組織の開放的な風土というマクロな要因に媒介されることで，パフォーマンスの向上に繋がることを示した。

3．埋まらないミクロ‐マクロの溝

　しかし，上述のような組織行動論による，心理学以外のディシプリンを学際的に援用する取り組みによって，ミクロ‐マクロ問題は解決するのであろ

うか。結論を先取りすれば，解決する可能性は極めて低い。そもそも，複数のディシプリンはまったく異なる前提条件を有しており，その前提条件の違いによって，経営現象の観察方法や，概念化するかが異なる（Molloy, Ployhart and Wright 2011, p.586）。それ故に，異なった理論前提を持つディシプリンを，いかに橋渡しするかについてのミクロ‐マクロ問題が生じていた。

　例えば，Shepherd（2011）は，社会学の観点から国家による影響の重要性を主張しているものの（p.416），彼は社会学が国家について論じてきことの含意を見落としている。社会学において論じられていた国家とは，個人の属性と独立に想定されるような特性ではない。Weber（1920）は，プロテスタンティズムという国家的イデオロギーが個人に資本主義の精神を獲得させたことを指摘する。プロテスタンティズムの倫理は来世での救済を得るために，商いを通して利益を上げることを人々に要求する。予定説の考え方から，仕事は神から与えられた天職とされ，仕事を通して利益を追求することこそが，来世における救済への唯一の道として示されていたのである。その結果，利益を追求することは救済に至る美徳とされ，プロテスタントは，資本主義の精神を獲得するに至る。これこそ MacClelland（1961）が個人の特性としての達成動機に注目した理由に他ならない。つまり，一見すると個人の特性についての心理学的研究として見受けられる MacClelland の一連の研究は，個人の特性として描写される達成動機が，プロテスタンティズムという国家的イデオロギーによって形成されるという社会学の古典から得られた知見を正当に引き継いでいたのである。他方で，Shepherd の研究では，国家と個人の特性が独立した特性として扱われている。国家的特性が個人の特性の形作る視点を看過している時点で彼の研究は社会学の知見を心理学に橋渡しすることに失敗している。Mathieu et al.（2007）の研究においても組織風土と個人を分離して捉えている点において，同様のことが言えるだろう。

　それゆえ，先に示した今日の組織行動論の解決方法は，まさに心理学化した解決方法とでも言うべきものであった。つまり，心理学の図式を基本として，説明力を高める限りにおいて，マクロ変数を追加ないし媒介しようとしたものである。念のために言えば，この解決方法は心理学を精緻化するという意味では成功している。だが，そもそもの問題の発端を振り返ってみれば，

この成功こそ深刻な課題を生み出していた。そもそもは心理学化した組織行動論が，企業が直面する問題を捉えられなくなったところに，学問としての限界が指摘されていた。それにも拘らず，心理学としての精緻化を目指すことは，心理学としてはありうる選択ではあるものの，組織行動論を再考したことにはならないのである。

ここに来て，今日の組織行動論の限界も見えてきた。それは，心理学化に陥った学際的アプローチの方法である。企業が抱える問題を考えれば，多様な理論を援用することそれ自体は，有効であろう。だが，今日の組織行動論が陥ったような単なる心理学の精緻化に留まらず，心理学と同様に他のディシプリンの知見を援用しつつ，企業における個人や集団の行動やそこで抱える問題を掘り下げていくための，「メタな方法論としての理論」（日置 1981，68頁）こそが組織行動論には必要とされているのである。

Ⅲ．理論的基盤としての STS 再訪

1．現実問題から導かれた STS

さて，今日の組織行動論が現実との乖離を生み出した一方で，このミクロ‐マクロ問題に現在の組織行動論よりも以前に，取り組んでいた研究があることに注目してみたい。タヴィストック研究所が生み出した STS である。実は，STS は，組織行動論の黎明期において，既に昨今のミクロ‐マクロ問題に挑戦していたのである。ここに本研究において STS を再訪することの意義が見出されるであろう。さらに，STS は，組織行動論とはまったく異なる学際的アプローチによって，この理論的課題を乗り越えようとしていたのである。以下では，STS の理論的背景からその学際的な研究方法論を探求することによって，組織行動論への含意を議論する。

まず，STS が現在の組織行動論と同様に問題解決を志向した理論であることに注目してみたい。STS は，イギリスのタヴィストック研究所が政府から炭鉱の生産性の調査を依頼されたことから始まった。タヴィストック研究所は社会の問題解決のために，社会科学の活用を標榜した研究所であった（Lewin 1947）。当時のイギリスでは最先端の技術を導入しても炭鉱の生産性が向上

しないことが問題視されていたため、タヴィストック研究所には社会科学を用いて、この問題を解決することが期待されていたのである。

この期待に応えるためにSTSは、オープン・システム論的組織観を採用した（Trist 1981, p. 25）。システム論の考え方において、もっとも重要なのは、万物を相互に関連したシステムとして捉えるという理論的前提である。例えば、Trist (1981) は生産システムを「技術システムと社会システムという二つの下位システムから構成される」（p. 25）と定義している。さらに、生産システムや社会システムそれ自体も、下位システムである。下位システムはそれぞれ上位のシステムである組織に適応して変化をとげ、下位システムの変化は上位システムの変化へと繋がる。オープン・システム論的組織とは、このように相互のシステムを環境として見なし、環境からのインプット、システム内部での変換機能、そして環境へのアウトプットを絶えず繰り返すことで、環境への適応を志向する自己組織的なシステムとして特徴付けられる。

Tristらの研究から、このことをより具体的に考えると、炭鉱の生産システムは、設備と生産レイアウトから構成される技術システムと、従業員の態度や行動を表す社会システムの二つの下位システムから構成される（Trist and Bamforth 1951; Emery and Trist 1960）。技術システムは、技術の発達によって変化し、決定される。従業員は技術システムを使用することで生産を行う。また、技術システムは、作業組織の決定に影響を与えるため、技術システムが変更されると、それを使用する従業員達の作業プロセス等も変更されることになる。他方で、社会システムは、一定の技術システムの下で作業組織とそれによって発生する社会的、心理的特性として定義される（Trist 1981, p. 25）。社会システムはその作業組織に参加する個人と技術システムからの影響を受ける。両者は互いに環境として認識される。この両者の関係が生産システムの生産性を決定し、技術システムと社会システムのいかなる相互作用（カップリング）が生産性に寄与するのかを探求するのがSTSの中心的課題なのであった（Trist 1981, p. 37）。

2. 学際的な理論の使い方

これまで見てきたようにSTSのオープン・システム論は、複数の異なった

システムを相互関係的に捉えようとする議論である。このことから，STS は学際的なアプローチを取っていると言われる。しかし，ここで学際的といっても，I 章で検討してきた組織行動論における学際的方法とは，まるで異なったものである。

　システムが相互関係にあるという前提を置くオープン・システムのもとでは，同時最適化という概念が必要となる。同時最適化は現象を説明するための概念であると同時に，学際的アプローチを可能にする方法論的指針でもあった。現象としての同時最適化は「それぞれの要素が他方からの妨害を受けずに，それぞれの法則に沿って十分に機能するような，両者の関係を維持すること」と定義される（Trist et al. 1963, p. 7）。しかし，両者の間に一義的な関係はなく，特定の技術に適した唯一の作業システムは存在しない（赤岡 1976）。炭鉱の生産システムの問題は技術システムと社会システムの同時最適化という，既存のどのディシプリンにも属さない問題であることが特定されたのである（Trist 1981）。

　他方で，同時最適化を方法論的指針として捉え直すと，STS が用いた学際的アプローチの本質が見えてくる。STS は様々な理論から得られる知見を自らの研究に援用していた。しかし，その援用の方法はあくまで，組織というシステムの下で既存の研究を峻別していくものであった。現象としての同時最適化はシステムとしての組織固有の現象であり，既存の学問領域では説明することが出来ないものであったからである。まず，STS の研究者達は既存のディシプリンの有用性を組織というシステムに対して問うことから始めた。具体的には既存の研究から得られる仮説を基に現象を観察し，その有用性を検討したのである。例えば，集団の社会的能力によって組織の生産性が向上するという人間関係論の仮説は，技術システムの変化が社会的心理的要因に影響を及ぼすことから棄却された（Trist and Bamforth 1951）。他方で技術システムについても，集団によって様々な技術システムが取捨選択されていたことを発見し，公式的な要因によって組織の生産性が拘束されるという技術決定論的立場を退けている（Emery and Trist 1960）。彼らは既存の学問領域から得られる知見を組織というシステムの下で峻別し，統合することでシステムとしての組織のための独自の理論を生み出したのである。

この方法は心理学の精緻化に留まっている現在の組織行動論の学際的アプローチとは著しく異なる。既に論じてきたように，現在の組織行動論は，個人や集団の行動を説明するために，個人や集団特性だけではなく，マクロ変数を追加ないし媒介することによって，ミクロ-マクロ問題を乗り越えようとしていた。他方でSTSは，オープン・システム論という組織観を採用することでこの問題に取り組んでいた。オープン・システム論の下では，生産システムを構成する技術システムと社会システムの同時最適化が組織の生産性の問題を解決するとみなされる。同時最適化は既存のどのディシプリンでも解決出来ない，システムとしての組織固有の問題として特定された。このことは，同時最適化が，システムとしての組織を研究する際の方法論的指針を示していると解釈できる。組織をシステムとして置くことで，どのディシプリンにも属さない独自の理論を生み出すという方法論的含意が同時最適化には含まれていた。STSは，システムとしての組織の下で有用な知識を既存のディシプリンから峻別し，それらを統合することでどのディシプリンにも属さない理論を生み出した。組織を相互に関連付けられたシステムとして仮定することで可能になるこの方法論こそが，STSの学際的アプローチの真髄だったのである。現在のミクロ組織論としての組織行動論は心理学の図式を維持し続ける限り，心理学の精緻化に留まり，多様な側面を持つ企業の問題を捉えきれない。企業の問題を解決するためには，組織をシステムとして置くことで，どのディシプリンにも属さない独自の理論を生み出すことが必要となることを同時最適化は示していたのである。

3．STSの理論的遺産と今後の可能性

異なるディシプリンを統合するためには，既存のディシプリンに回収されない理論前提を持つことが必要である。組織における問題を解決するためには，複数のディシプリンをシステムとしての組織の下で統合した問題解決のための理論が必要だからである。それは仮に組織行動論が心理学から脱却し，社会学をディシプリンとして持ったところで，ミクロ-マクロ問題が解消されないことを意味している。システムとして組織を捉えるという理論前提を有するSTSの特徴は組織内の要素を相互に関連したものとして扱う点にある。

同時最適化はこの理論前提から導びかれた方法論的指針に他ならない。このことから，昨今の組織行動論の心理学化が組織の問題解決に貢献しないことは自明である。単一のディシプリンに留まる限り，組織内で関連した要素を明らかにできず，それらの要素によって生み出される問題を解決することはできないからである。換言すれば，心理学化した組織行動論は，もはや定義的に組織行動論ですらないと言えるかもしれない。

　翻って，組織における問題解決の理論を生み出す組織行動論の可能性の広さを今一度，意識すべきであろう。例えば，Cyert and March (1967) の組織の期待に関する研究に着目してみよう。古典的な経済学は組織の意思決定に関してコミュニケーションの効果を無視する（翻訳書，97頁）。情報は組織のどの部署においても同様に伝達されることを仮定し，同じ情報を受取ると全ての企業が同様の予測を立てることを仮定する。しかし，彼らは実際に企業で行った研究の結果から，この仮定が企業の現実と著しく異なっていることを指摘する（翻訳書，92頁）。将来の売上や市場の変化，さらには競争者の行動に関する情報の全てが正確に組織内を伝達されるのではなく，情報を受け取った組織内の個人の解釈的調整（バイアス）によって変化することを示したのである。彼らはこの解釈的調整に対して，選択的知覚と想起に関する心理学の研究の重要性を指摘するが，心理学によってこの問題を解決する方法を選択しなかった。彼らはある下位システムに所属する構成員によって構成されるバイアスは他の下位システムによって長期的には修正可能であると考えていた（翻訳書，119頁）。彼らは組織内の構成員がそれぞれバイアスを持つことを前提とし，それらをシステムの相互作用によって解決する方法を研究していたのである。彼らの研究は一般的な組織行動論の教科書には記載されることはあまりないが，彼らの方法論的特徴を鑑みるに，経済学でも心理学でもない，現実の企業が直面する問題の解決を志向した組織行動論であると考えられるだろう。

　また，STSの学際的アプローチを採用することは，心理学化した組織行動論よりも豊かな含意を生み出すと考えられる。例えば，従業員の職務における主体性が孕むパラドクスの問題は学際的アプローチを採用することで始めて取り組むことができるものである。主体性のパラドクスとは，組織におい

て個々人の職務における主体性を向上させることが必ずしも組織に良い影響を及ぼさないということである（Campbell 2000）。心理学化した組織行動論では従業員の主体性と組織を分離して研究するしかできず，この問題に有用なインプリケーションを提供することができない。一方で，STSの学際的アプローチを採用した組織行動論は組織と個人の主体性を相互に関連したものとして把握し，それぞれの観点から組織において個人の主体性が有効に働く条件を探索する研究が可能になる。例えば，Oldham and Hackman (1981) の研究を組織における個人の主体性を形成する職務設計の理論として読み替えることも有用になるであろう。さらに言えば，実際に研究者が組織に介入し，職務設計を変更することで，組織と個人にとって同時最適な主体性のあり方を探究する組織開発的手法も，具体的な問題解決の手法として今後は活用されていくべきであろう（金井 2012）。

IV. 結語

ここまで，心理学化した現在の組織行動論の限界を指摘し，STSの持つ学際的アプローチの有効性を議論してきた。STSは，どの学問領域にも属さない組織の問題解決のための理論を生み出した。それを可能にしたのは組織をオープン・システムとして置くという方法である。オープン・システムとしての組織では，組織を構成する要素は，それぞれ関連付けられた下位システムと定義される。それらの下位システムの同時最適化は組織固有の現象として扱われると共に，既存の学問分野領域の知見をシステムとしての組織の下に統合し，新しい理論を生み出す学際的アプローチのための，方法論的指針として解釈される。STSが採用した学際的アプローチを備えてこそ，組織行動論は組織の問題解決に有効な理論を生み出すことが可能になるのである。

注
1) 例えば *Annual Review of Psychology* では1979年の第30号から現在にいたるまで組織行動論についてのレビュー論文が継続的に掲載されているし，American Psychologist は1990年の第45号第2巻で組織行動論の特集を組んでいる。近年では Applied Psychology が2012年の第61号第1巻において組織行動論の特集号を掲載している。

参考文献

von Bertalanffy, L. (1968), *General systems theory,* George Braziller. (長野 敬・太田邦昌訳『一般システム理論』みすず書房, 1973年。)
Campbell, D. J. (2000), "The Proactive Employee: Managing Workplace Initiative," *Academy of Management Executive,* vol. 14, No. 3 (August), pp. 52-66.
Cyert, R. N. and March, J. G. (1963), *A Behavioral Theory of the Firm,* Prentice-Hall. (松田武彦・井上恒夫訳『企業の行動理論』ダイヤモンド社, 1967年。)
Emery, F. E. and Trist, E. L. (1960), "Socio-technical Systems," in Churchman, C. W. and Verhulst, M. ed., *Management Sciences Models and Techniques,* vol. 2, Tavistock institution.
Griffine, M. A. (2007), "Specifying organizational contexts: systematic links between contexts and processes in organizational behavior," *Journal of Organizational Behavior,* Vol. 28, pp. 859-863.
Heath, C. and Sitkin, S. B. (2001), "Big-B versus Big-O: What is organizational about organizational behavior?" *Journal of Organizational Behavior,* Vol. 22, pp. 43-58.
Katz, D. and Kahn, R. L. (1978), *The Social Psychology of Organizations,* Wiley & Sons, pp. 1-33.
Lewin, K. (1947), "Frontiers in Group Dynamics: Concept, Method and Reality in Social Science; Social Equilibria and Social Change," *Human Relations,* Vol. 1, No. 2 (November), pp. 5-41.
O'Reilly, C. A. (1991), "Organizational Behavior: where we've been, where we're going," *Annual Review of Psychology,* Vol. 42, pp. 427-58.
Oldham, G. R. and Hackman, J. R. (1981), "Relationships between organizational structure and employee reactions: Comparing alternative frameworks," *Administrative Science Quarterly,* Vol. 26, No. 1 (March), pp. 66-83.
Mathieu, M. T., Maynard, M. T., Taylor, S. R., Gilson, L. L. and Ruddy, T. M. (2007), "An Examination of the Effects of Organizational District and Team Contexts on Team Processes and performance: a meso-mediational Model," *Journal of Organizational Behavior,* Vol. 28, No. 7 (October), pp. 891-910.
MacClelland, D. C. (1961), *The Achieving Society,* Van Nostrand Company, Inc.
Staw, B. M. (1991), "Dressing Up Like an Organization: When Psychological Theories Can Explain Organizational Action," *Journal of Management,* Vol. 17, No. 4 (December), pp. 805-819.
Shepherd, D. A. (2011), "Multilevel entrepreneurship research: Opportunities for studying entrepreneurial decision making," *Journal of Management,* Vol. 37, No. 2 (March), pp. 412-420.
Trist, E. L. and Bamforth, K. W. (1951), "Some Social and Psychological Consequences of the Longwall Method of Coal-Getting: An Examination of the Psychological Situation and Defences of a Work Group in Relation to the Social Structure and Technological Content of the Work System," *Human Relations,* Vol. 4, No. 1 (February), pp. 3-38.
Trist, E. L., Higgin, G. W., Murry, H. and Pollock, A. B. (1963), *Organizational choice: capabilities of groups at the coal face under changing technologies: the loss, re-discovery & transformation of a work tradition,* Tavistock Publications.
Trist, E. L. (1981), "The Socio technical Perspective: The Evolution of Sociotechnical

Systems as Conceptual Framework and as Action Research Program," in Vande, A. H. and Joyce, W. F. ed., *Perspectives on Organization and Behvior,* John Wiley and Sons, pp. 19-75.

Warner, M. (1994), "Organizational Behavior Revisited," *Human Relations,* vol. 47, No. 1 (April), pp. 1151-1166.

Weber, M. (1920), *Die protestantische Ethik und der Geist des Kapitalismus,* Gesammelte Aufsätze zur Religionssoziologie I, J. C. B. Mohr. (中山　元訳『プロテスタンティズムの倫理と資本主義の精神』日経 BP 社，2010年。)

赤岡　功（1976），「社会・技術システム論の発展と作業組織の再編成」『經濟論叢』第116巻5号，311-329頁。

金井壽宏（2012），「組織開発におけるホールシステム・アプローチの理論的基盤と実践的含意」『国民經濟雜誌』第206巻第5号，1-32頁。

日置弘一郎（1981），「組織行動としての労働：社会＝技術システム論と参加」『京都学園大学論集』第10巻第1号，62-89頁。

第 IV 部
文　献

ここに掲載の文献一覧は，第Ⅱ部の統一論題論文執筆者が各自のテーマの基本文献としてリストアップしたものを，年報編集委員会の責任において集約したものである。

1 経営学に何ができるか——経営学の再生——

外国語文献

1 Arrighi, G. (2007), *Adam Smith in Beijing: The Lineages of Twenty-First Century,* Verso.（中山智香子監訳『北京のアダム・スミス——21世紀の諸系譜——』作品社，2011年。）

2 Barnard, C. I. (1938, 1968), *The Functions of the Executive,* Harvard University Press.（田杉　競監訳『経営者の役割——その職能と組織——』ダイヤモンド社，1956年。山本安次郎・田杉　競・飯野春樹訳『新訳経営者の役割』ダイヤモンド社，1968年。）

3 Latouche, S. (2004), *Survivre au développement: de la décolonisation de l'imaginare économique à la construction d'une société alternative,* Mille et une nuits.; (2007), *Petit traité de la décroissance sereine,* Mille et une nuits.（中野佳裕訳『経済成長なき社会発展は可能か？——〈脱成長〉と〈ポスト開発〉の経済学——』作品社，2010年。）

4 Latouche, S. (2010), *Pour Sortir de la societe de consummation,* Les Liens qui Liberent.（中野佳裕訳『〈脱成長〉は，世界を変えられるか？——贈与・幸福・自律の新たな社会へ——』作品社，2013年。）

5 Braudel, F. (1979), *Civilisation matérielle, économie et capitalisme, XVe-XVIIIe siècle,* A. Colin.（山本淳一訳『物質文明・経済・資本主義15-18世紀』みすず書房，1985年-1999年。）

日本語文献

1 経営学史学会編（2011），『危機の時代の経営と経営学（経営学史学会年報　第18輯）』文眞堂。

2 経営学史学会編（2012），『経営学の思想と方法（経営学史学会年報　第19輯）』文眞堂。

3 経営学史学会編（2013），『経営学の貢献と反省——二十一世紀を見据えて——（経営学史学会年報　第20輯）』文眞堂。

4 中山智香子（2013），『経済ジェノサイド——フリードマンと世界経済の半世紀——』平凡社新書。

5 水野和夫・大澤真幸（2013），『資本主義という謎——「成長なき時代」をどう生きるか——』NHK出版新書。

6 藻谷浩介 (2010),『デフレの正体――経済は「人口の波」で動く――』角川one テーマ21新書。

2 経営維持から企業発展へ
――ドイツ経営経済学におけるステイクホルダー思考とWertschöpfung――

外国語文献

1 Bach, N./Brehm, C./Buchholz, W./Petry, T. (2012), *Wertschöpfungsorientierte Organisation -Architekturen-Prozesse-Strukturen*, Wiesbaden.
2 Bleicher, K. (1994), *Normatives Management -Politik, Verfassung und Philosophie des Unternehmens*, Frankfurt am Main / New York.
3 Bleicher, K. (2011), *Das Konzept integriertes Management*, 8. Aufl., Frankfurt am Main / New York (1. Aufl., 1991).
4 Nicklisch, H. (1920), *Der Weg aufwärts! Organisation: Versuch einer Grundlegung*, Stuttgart. (鈴木辰治訳『組織――向上への道――』未来社, 1975年。)
5 Nicklisch, H. (1922), *Wirtschaftliche Betriebslehre*, 6. Aufl. *der Allgemeine kaufmännischen Betriebslehre*, Stuttgart.
6 Nicklisch, H. (1928), *Grundfragen für die Betriebswirtschaft*, Stuttgart. (木村喜一郎訳『経営経済原理』文雅堂, 1930年。)
7 Nicklisch, H. (1929-1932), *Die Betriebswirtschaft*, 7. Aufl. *der Wirtschaftlichen Betriebslehre*, Stuttgart.
8 Schmidt, R.-B. (1969), *Wirtschaftslehre der Unternehmung*, Bd. 1. *Grundlagen*, Stuttgart. (2. Aufl., 1977; 吉田和夫監修, 海道ノブチカ訳『企業経済学』第1巻「基礎編」千倉書房〔原著第1版〕, 1974年。)
9 Schmidt, R.-B. (1978), *Wirtschaftslehre der Unternehmung*, Bd. 3. *Erfolgsverwendung*, Stuttgart. (吉田和夫監修, 海道ノブチカ訳『企業経済学』第3巻「成果使用編」千倉書房, 1986年。)
10 Steinle, C. (2005), *Ganzheitliches Management -Eine mehrdimensionale Sichtweise integrierter Unternehmungsführung*, Wiesbaden.

日本語文献

1 市原季一 (1954),『ドイツ経営学――ドイツ的経営学の生成と発展――』森山

書店。
2 市原季一 (1982),『ニックリッシュ (経営学：人と学説)』同文舘出版。
3 大橋昭一 (1966),『ドイツ経営共同体論史――ドイツ規範的経営学研究序説――』中央経済社。
4 大橋昭一編著, 渡辺　朗監訳 (1996),『ニックリッシュの経営学』同文舘出版。
5 海道ノブチカ (1988),『西ドイツ経営学の展開』千倉書房。
6 海道ノブチカ (2001),『現代ドイツ経営学』森山書店。
7 海道ノブチカ (2013),『ドイツのコーポレート・ガバナンス』中央経済社。
8 高田　馨 (1957),『経営共同体の原理――ニックリッシュ経営学の研究――』森山書店。
9 中村常次郎 (1982),『ドイツ経営経済学』東京大学出版会。
10 西村　剛 (2003),『経営組織論序説――経営経済学的組織論の構築に向けて――』晃洋書房。
11 山縣正幸 (2007),『企業発展の経営学――現代ドイツ企業管理論の展開――』千倉書房。
12 吉田和夫 (1995),『ドイツの経営学』同文舘出版。

3 「協働の学としての経営学」再考
――「経営の発展」の意味を問う――

外国語文献
1 Barnard, C. I. (1938, 1968), *The Functions of the Executive,* Harvard University Press.（田杉　競監訳『経営者の役割――その職能と組織――』ダイヤモンド社, 1956年。山本安次郎・田杉　競・飯野春樹訳『新訳 経営者の役割』ダイヤモンド社, 1968年。）
2 Barnard, C. I. (1948), *Organization and Management: Selected Papers,* Harvard University Press.（飯野春樹監訳・日本バーナード協会訳『組織と管理』文眞堂, 1990年。）
3 Barnard, C. I. (1986), *Philosophy for Managers: Selected Papers of Chester I. Barnard,* edited by Wolf, William B. & Iino, Haruki, Bunshindo.（W. ウォルフ・飯野春樹編, 飯野春樹監訳・日本バーナード協会訳『経営者の哲学――バーナード論文集――』文眞堂, 1986年。）
4 Durkheim, E. (1893, 1960), *De la divsion du travail social,* Presses universitaires de France.（田原音和訳『社会分業論』青木書店, 1971

年。)

5　Mayo, G. E. (1945), *The Social Problems of an Industrial Civilization,* Harvard Business School.（藤田敬三・名和統一訳『アメリカ文明と労働』大阪商科大学経済研究会，1951年。)

6　Mayo, G. E. (1947), *The Political Problem of Industrial Civilization,* Harvard Business School.

7　Polanyi, K. (1944, 2001), *The Great Transformation: The Political and Economic Origins of Our Time,* Beacon Press.（吉沢英成・野口建彦・長尾史郎・杉村芳美訳『大転換——市場社会の形成と崩壊——』東洋経済新報社，1975年。野口建彦・栖原　学訳『新訳　大転換——市場社会の形成と崩壊——』東洋経済新報社，2009年。)

8　Smith, A. (1759, 2006), *The Theory of Moral Sentiments* (*DOVER Philosophical Classics*), Dover Publications, Inc..（水田　洋訳『道徳感情論(上)(下)』岩波文庫，2003年。)

9　Schumpeter, J. A. (1912, 1926), *Theorie der wirtschaftlichen Entwicklung,* 2. Aufl. München / Leipzig.（塩野谷祐一・中山伊知郎・東畑精一訳『経済発展の理論——企業者利潤・資本・信用・利子および景気の回転に関する一研究——(上)(下)』岩波文庫，1977年。)

10　Whitehead, A. N. (1933, 1967), *Adventures of Ideas,* The Free Press.（山本誠作・菱木政晴訳『観念の冒険』松籟社，1982年。)

日本語文献
1　飯野春樹 (1978)，『バーナード研究——その組織と管理の理論——』文眞堂。
2　小笠原英司 (2004)，『経営哲学研究序説——経営学的経営哲学の構想——』文眞堂。
3　加藤勝康 (1996)，『バーナードとヘンダーソン——*The Functions of the Executive* の形成過程——』文眞堂。
4　河野大機・吉原正彦編 (2001)，『経営学パラダイムの探求（加藤勝康博士喜寿記念論文集）——人間協働この未知なるものへの挑戦——』文眞堂。
5　庭本佳和 (2006)，『バーナード経営学の展開——意味と生命を求めて——』文眞堂。
6　村田晴夫 (1984)，『管理の哲学——全体と個・その方法と意味——』文眞堂。
7　山本安次郎・加藤勝康編著 (1997)，『経営発展論』文眞堂。
8　吉原正彦 (2006)，『経営学の新紀元を拓いた思想家たち——1930年代のハーバードを舞台に——』文眞堂。

4 経済学を超える経営学——経営学構想力の可能性——

外国語文献

1 Barnard, C. I. (1938, 1968), *The Functions of the Executive,* Harvard University Press.（田杉 競監訳『経営者の役割——その職能と組織——』ダイヤモンド社，1956年。山本安次郎・田杉 競・飯野春樹訳『新訳 経営者の役割』ダイヤモンド社，1968年。）

2 Coase, R. H. (1988), *The Firm, the Market, and the Law,* University of Chicago Press.（宮沢健一・後藤 晃・藤垣芳文訳『企業・市場・法』東洋経済新報社，1992年。）

3 Drucker, P. F. (1969), *The Age of Discontinuity: Guidelines to Our Changing Society,* Harper & Row.（林雄二郎訳『断絶の時代——来たるべき知識社会の構想——』ダイヤモンド社，1969年。上田惇生訳『断絶の時代』ダイヤモンド社，2007年。）

4 Hayek, F. A. (1949), *Individualism and Economic Order,* Routledge & Kegan Paul.（田中真晴・田中秀夫編訳『市場・知識・自由——自由主義の経済思想——』ミネルヴァ書房，1986年。嘉治元郎・嘉治佐代訳『個人主義と経済秩序』春秋社，1990年，新装版1997年，新版2008年。）

5 Mannheim K. (1929, 1952), *Ideologie und Utopie,* Frankfurt am Main.（鈴木二郎訳『イデオロギーとユートピア』未来社，1968年。高橋 徹・徳永 恂訳『イデオロギーとユートピア』中公クラシックス，2006年。）

6 Schönpflug, F. (1933, 1954), *Betriebswirtschaftslehre: Methoden und Hauptströmungen,* Stuttgart.（古林喜楽監修，大橋昭一・奥田幸助訳『経営経済学』有斐閣，1970年。）

7 Scott, W. G. and Hart, D. K. (1979), *Organizational America,* Houghton Mifflin Company.（寺谷弘壬監訳『経営哲学の大転換』日本ブリタニカ，1981年。）

8 Simon, H. A. (1945, 1997), *Administrative Behavior: A Study of Decision-making Processes in Administrative Organizations,* The Macmillan Company.（松田武彦・高柳 暁・二村敏子訳『経営行動——経営組織における意思決定プロセスの研究——』ダイヤモンド社，1965年，新版1989年。二村敏子・桑田耕太郎・高尾義明・西脇暢子・高柳美香訳『経営行動——経営組織における意思決定過程の研究——』ダイヤ

モンド社，2009年。）
9 Williamson, O. E. (1975), *Markets and Hierarchies: Analysis and Antitrust Implications,* The Free Press.（浅沼萬里・岩崎　晃訳『市場と企業組織』日本評論社，1980年。）

日本語文献
1 今井賢一・伊丹敬之・小池和男（1982），『内部組織の経済学』東洋経済新報社。
2 菊澤研宗（2006），『組織の経済学入門――新制度派経済学アプローチ――』有斐閣。
3 中西寅雄（1931），『経営経済学』日本評論社。
4 中西寅雄（1936，新刻1973），『経営費用論』千倉書房。
5 馬場克三（1957），『個別資本と経営技術――経済学の方法及び労務の根本問題――』有斐閣。
6 三木　清（1939，1946），『構想力の論理』岩波書店。
7 三戸　公（1959），『個別資本論序説――経営学批判――』森山書店，増補版1968年。
8 三戸　公（1979），『自由と必然――わが経営学の探究――』文眞堂。
9 三戸　公（1982），『財産の終焉――組織社会の支配構造――』文眞堂。

5　経営学における新制度派経済学の展開とその方法論的含意

外国語文献
1 Coase, R. H. (1988), *The Firm, the Market, and the Law,* University of Chicago Press.（宮沢健一・後藤　晃・藤垣芳文訳『企業・市場・法』東洋経済新報社，1992年。）
2 Lakatos, I. (1970), *Criticism and the Growth of Knowledge,* Lakatos, I. and Musgrave, A., ed., Cambridge University Press.（森　博監訳『批判と知識の成長』木鐸社，1985年。）
3 Langlois, R. N. and Robertson, P. L. (1995), *Firms Markets and Economic Change: A Dynamic Theory of Business Institutions,* Routledge.（谷口和弘訳『企業制度の理論――ケイパビリティ・取引費用・組織境界――』NTT出版，2004年。）
4 McMillan, J. (2002), *Reinventing the Bazaar: A Natural History of Markets,* W. W. Norton & Company.（瀧澤弘和・木村友二訳『市場

を創る——バザールからネット取引まで——』NTT出版，2007年。）
5 Milgrom, P. and Roberts, J. (1992), *Economics, Organization, and Management,* Englewood Cliffs (Prentice Hall). （奥野正寛・伊藤秀史・今井晴雄・西村 理・八木 甫訳『組織の経済学』NTT出版，1997年。）
6 North, D. C. (1990), *Institutions, Institutional Change and Economic Performance,* Cambridge University Press. （竹下公視訳『制度・制度変化・経済成果』晃洋書房，1994年。）
7 Picot, A. / Reichwald, R. / Wigand, R. (1996), *Die grenzlose Unternehmung-Information, Organisation und Management,* Wiesbaden.
8 Picot, A. / Dietl, H. / Franck, E. (1997), *Organisation: Theorie und Praxis aus ökonomischer Sicht,* Auflage 1, Stuttgart. （丹沢安治・榊原研互・田川克生・小山明宏・渡辺敏雄・宮城 徹訳『新制度派経済学による組織入門——市場・組織・組織間関係へのアプローチ——』白桃書房，2007年。）
9 Williamson, O. E. (1975), *Markets and Hierarchies, Analysis and Antitrust Implications: A Study in the Economics of Internal Organization,* The Free Press. （浅沼万里・岩崎 晃訳『市場と企業組織』日本評論社，1980年。）
10 Williamson, O. E. (1985), *The Economic Institutions of Capitalism: Firms, Markets, Relational Contracting,* The Free Press.

日本語文献
1 浅沼万里（1997），『日本の企業組織 革新的適応のメカニズム——長期取引関係の構造と機能——』東洋経済新報社。
2 小島三郎編（1965），『ドイツ経験主義経営経済学の研究——主観主義経営経済学の系譜——』有斐閣。
3 小島三郎（1968），『戦後西ドイツ経営経済学の展開』慶応通信。
4 小島三郎（1986），『現代科学理論と経営経済学』税務経理協会。
5 丹沢安治（2000），『新制度派経済学による組織研究の基礎——制度の発生とコントロールへのアプローチ——』白桃書房。
6 野中郁次郎・竹内弘高（1996），『知識創造企業』（梅本勝博訳），東洋経済新報社。

6 経営学と経済学における人間観・企業観・社会観

外国語文献

1. Barnard, C. I. (1938, 1968), *The Function of the Executive,* Harvard University Press. (田杉　競監訳『経営者の役割——その職能と組織——』ダイヤモンド社，1956年。山本安次郎・田杉　競・飯野春樹訳『新訳経営者の役割』ダイヤモンド社，1968年。)
2. Berle, A. A. and Means, G. C. (1932), *The Modern Corporation and Private Property,* Macmillan. (北島忠男訳『近代株式会社と私有財産』文雅堂書店，1958年。)
3. Chandler Jr., A. D. (1977), *The Visible Hand: The Managerial Revolution in American Business,* Belknap Press of Harvard University Press. (鳥羽欽一郎・小林袈裟治訳『経営者の時代——アメリカ産業における近代企業の成立——(上)(下)』東洋経済新報社，1979年。)
4. Coase, R. H. (1988), *The Firm, The Market and the Law,* University of Chicago Press. (宮沢健一・後藤　晃・藤垣芳文訳『企業・市場・法』東洋経済新報社，1992年。)
5. Dore, R. (2000), *Stock Market Capitalism: Welfare Capitalism: Japan and Germany versus the Anglo-Saxons,* Oxford University Press. (藤井眞人訳『日本型資本主義と市場主義の衝突——日・独対アングロサクソン——』東洋経済新報社，2001年。)
6. Drucker, P. F. (1942), *The Future of Industrial Man: A Conservative Approach,* The John Day Co. (田代義範訳『産業人の未来』未来社，1965年。上田惇生訳『[新訳] 産業人の未来——改革の原理としての保守主義——』ダイヤモンド社，1998年。同『産業人の未来』2008年。)
7. Drucker, P. F. (1946), *Concept of the Corporation,* The John Day Co. (岩根　忠訳『会社という概念』東洋経済新報社，1966年。下川浩一訳『現代大企業論』未来社，1966年。上田惇生訳『企業とは何か——その社会的な使命——』ダイヤモンド社，2005年。同『企業とは何か』ダイヤモンド社，2008年。)
8. Polanyi, K. (1944, 2001), *The Great Transformation: The Political and Economic Origins of Our Time,* Beacon Press. (吉沢英成・野口建彦・長尾史郎・杉村芳美訳『大転換——市場社会の形成と崩壊——』東洋経

済新報社，1975年。野口建彦・栖原　学訳『新訳　大転換——市場社会の形成と崩壊——』東洋経済新報社，2009年。）
9　Wren, D. A. (1972, 1994), *The Evolution of Management Thought*, Ronald Press Co.（車戸　實監訳『現代管理思想——その進化の系譜——』マグロウヒル好学社，1982年。佐々木恒男監訳『マネジメント思想の進化』文眞堂，2003年。）
10　Wren, D. A. and Greenwood, R. G. (1998), *Management Innovators: The People and Ideas that have Shaped Modern Business*, Oxford University Press.（井上昭一・伊藤健市・廣瀬幹好監訳『現代ビジネスの革新者たち——テイラー，フォードからドラッカーまで——』ミネルヴァ書房，2000年。）

日本語文献
1　経営学史学会編（2002，2012），『経営学史事典』文眞堂。
2　菊澤研宗（2006），『組織の経済学入門——新制度派経済学アプローチ——』有斐閣。
3　中村達也　他（1993），『岩波講座　社会科学の方法　V——分岐する経済学——』岩波書店。
4　正木久司・角野信夫（1989），『バーリ（経営学：人と学説）』同文舘出版。
5　三戸　公（1971），『ドラッカー——自由・社会・管理——』未来社。
6　三戸　公（2002），『管理とは何か——テイラー，フォレット，バーナード，ドラッカーを超えて——』文眞堂。
7　三戸　浩・池内秀己・勝部伸夫（2011），『企業論　第3版』有斐閣アルマ。
8　三戸　浩編著（2013），『バーリ＝ミーンズ（経営学史叢書　第Ⅴ巻）』文眞堂。

第V部
資　　料

経営学史学会第21回全国大会実行委員長挨拶

牧 浦 健 二

　経営学史学会第21回全国大会は，2013年5月17日から19日の3日間にわたり，近畿大学東大阪キャンパスを会場として開催されました。昨年の明治大学での第20回記念全国大会の盛況をうけ，経営学史学会のさらなる発展の出発点として，本学を開催校にご指名くださいましたこと，まことに光栄なことでありますと同時に，身の引き締まる思いでありました。おかげさまをもちまして，130名を超える会員の方々のご参加にあずかりました。ご参加くださいました先生方に，実行委員一同，謹んで御礼を申し上げる次第でございます。

　本大会におきましては，「経営学に何ができるか――経営学の再生――」という統一論題のもと，(1)経営の発展と経営学，(2)経済学を超える経営学という2つのサブテーマが設定されました。まず，藤井一弘先生から基調報告を賜り，今回の統一論題においては，「量的な経済成長路線のオルタナティヴへの志向」を経営学としてどのように受けとめ，考えるのかが基軸にあると提示されました。それをうけて，それぞれのサブテーマについて3名，計6名の先生方からのご報告をいただきました。統一論題そのもの，そして藤井会員の基調報告にもありましたように，経営学の存在意義を根底から考え直すことで，この学の可能性を探るという今回のテーマは，一度の大会で議論し尽くせるものではありません。それゆえにというべきか，各サブテーマにつきそれぞれ2名の討論者の先生方からの提示された論点，それをうけての司会の先生による的確な展開，フロアからの熱心かつ核心を衝いた質疑，その結果として会場全体としての活発な議論が繰り広げられました。時間の都合で論じつくせなかった点も，少なからずあったことと思います。今後の本学会における論点として，さらなる展開がなされるものと期待しております。

　また，自由論題においては6つの報告があり，こちらも報告者の先生方によって十分に準備された報告とチェアパーソンの先生方の的確な論点提示，

そしてフロアからの熱のこもった質疑によって，いずれも盛況でありました。
　あらためまして，報告者・討論者・チェアパーソン・司会者の先生方のご尽力，そしてご参加くださったすべての先生方のお力添えに心から御礼を申し上げる次第です。
　かように活発かつ真摯な議論が展開され，無事に大会を終えることができましたのも，本学会理事長の小笠原英司先生，副理事長の風間信隆先生，事務局担当幹事の清水一之先生，そして本学会理事会の手厚いご支援の御蔭であります。何かと不慣れな実行委員会をお導きくださり，委員一同，思いのほかの盛況となりましたのも，ひとえに皆様方のご高配あってのことであります。深く御礼を申し上げますとともに，大会終了にいたりますまで，いろいろとご迷惑やご心配をおかけいたしましたこと，何とぞご寛恕賜りますよう，お願い申し上げます。
　来る第22回全国大会がさらに活発な議論の場となり，さらに経営学史学会の発展へとつながってまいりますことを祈念して，御礼のご挨拶に代えさせていただきます。

第21回全国大会を振り返って

中 村 秋 生

　経営学史学会第21回全国大会は，2013年5月17日（金）から19日（日）まで近畿大学東大阪キャンパスにて開催された。今回掲げられた大会の統一論題「経営学に何ができるか――経営学の再生――」は，これまでの3大会の統一論題「危機の時代の経営および経営学」（第18回），「経営学の思想と方法」（第19回），「経営学の貢献と反省――21世紀を見据えて――」（第20回）ならびにそこでの議論を踏まえて設定されたものである。また，サブテーマとして「経営の発展と経営学」と「経済学を超える経営学」の二つが設定された。

　まず，大会実行委員長・牧浦健二会員の開会の辞に続き，藤井一弘会員による基調報告「経営学に何ができるか――経営学の再生――」が行われた。引き続き，2日間にわたって統一論題の6つの報告が行われた。初日になされたサブテーマⅠ「経営の発展と経営学」では，山縣正幸会員の「経営維持から企業発展へ――ステイクホルダー思考とWertschöpfung――」，藤沼司会員の「"協働の学としての経営学"再考」，谷口照三会員の「バーナードの協働体系論と山本安次郎の事業経営論」と題する報告が行われた。2日目には，サブテーマⅡ「経済学を超える経営学」に関して，高橋公夫会員の「経済学を超える経営学――経営学構想力の可能性――」，丹沢安治会員の「経済学に対する経営学の貢献――経営学における新制度派経済学の展開とその方法論的含意――」，三戸　浩会員の「経営学と経済学における人間観・企業観・社会観」と題する報告が行われた。6者6様の切り口から，極めて示唆に富む報告がなされた。それだけに，時間が足りなくなるほどの活発な議論が続けられたが，仮に時間が十分あったとしても議論が尽きることがないと思えるほど，経営学の学としての意義や可能性を真正面から問う今回のテーマは，重たく，困難なものだと感じられた。

　大会2日目に，経営学史叢書刊行記念特別セッションが設けられた。会場には叢書全14巻が並べられ，その中央に叢書刊行に多大なご尽力をなされた

河野大機会員（叢書編集委員長）の遺影が置かれた。故人のご冥福をお祈り申し上げます。当セッションにおいては，「経営学史叢書の意義と課題」について編集統括責任者である吉原正彦会員の総括報告に始まり，先行発刊された9巻に関してそれぞれ9名の編者（または代理）による報告がなされた。

自由論題報告では，3会場にて6つの報告が行われた。いずれの会場においても，意欲的な報告に対するチェアパーソンのコメントを踏まえて，真摯な質疑応答がなされた。

総会においては，2012年度の活動報告と決算ならびに2013年度の活動計画と予算についての報告・審議が行われた。また，2012年度経営学史学会学会賞論文部門奨励賞が，平澤　哲「アクション・サイエンスの発展とその意義――経営現象の予測・解釈・批判を超えて――」に授与されることが発表され，小笠原英司理事長から表彰が行われた。なお，次回第22回全国大会は，関東学院大学で行われることが決まり，大会実行委員長の労を取られる高橋公夫会員から挨拶がなされた。

今回の第21回全国大会が実り多きものとなったのは，周到な準備をされるとともに当日きめ細やかなご配慮をしてくださった大会実行委員長・牧浦健二会員，山縣正幸会員をはじめとする近畿大学の先生方，また当日のスタッフを務めてくださった学生の皆さまのおかげである。心より感謝申し上げます。

なお，第21回全国大会のプログラムは以下のとおりである。

　　　2013年5月18日（土）
【自由論題】（報告25分，質疑応答30分）
A会場（21-539教室）
　　10：00〜10：55　森谷周一（関西学院大学・院）
　　　　　　　　　「人的資源管理と戦略概念」
　　　　　　　　　チェアパーソン：西川清之（龍谷大学）
　　11：00〜11：55　庭本佳子（神戸大学・院）
　　　　　　　　　「HRMの理論的基盤としての組織能力論」
　　　　　　　　　チェアパーソン：三井　泉（日本大学）
B会場（21-542教室）

10：00～10：55　貴島耕平（神戸大学・院）
　　　　　　　　「組織行動論に対する社会技術システム論の貢献」
　　　　　　　　チェアパーソン：岸田民樹（名古屋大学）
11：00～11：55　林　　徹（長崎大学）
　　　　　　　　「希求水準の探究」
　　　　　　　　チェアパーソン：辻村宏和（中部大学）
C会場（21-534教室）
10：00～10：55　野坂美穂（中央大学・院）
　　　　　　　　「ネットワーク研究における分析レベルの再検討――Simmel（1923）のダイアド VS トライアドの視点から――」
　　　　　　　　チェアパーソン：村上伸一（桃山学院大学）
11：00～11：55　藤川なつこ（四日市大学）
　　　　　　　　「高信頼性組織研究の展開――ノーマル・アクシデント理論と高信頼性理論の対立と協調――」
　　　　　　　　チェアパーソン：狩俣正雄（大阪市立大学）

【開会・基調報告】（21号館5階534教室）
13：00～13：35　開会の辞：第21回全国大会実行委員長　牧浦健二（近畿大学）
　　　　　　　　基調報告：藤井一弘（青森公立大学）
　　　　　　　　論　題：「経営学に何ができるか――経営学の再生――」
　　　　　　　　司会者：小笠原英司（明治大学・経営学史学会理事長）

【統一論題】（21号館5階534教室）（報告30分，討論20分，質疑応答60分）
13：45～17：00　サブテーマⅠ：経営の発展と経営学
　　　　　　　　報告者：山縣正幸（近畿大学）
　　　　　　　　論　題：「経営維持から企業発展へ――ステイクホルダー思考と Wertschöpfung――」
　　　　　　　　報告者：藤沼　司（青森公立大学）
　　　　　　　　論　題：「"協働の学としての経営学"再考」
　　　　　　　　報告者：谷口照三

論　題：「バーナードの協働体系論と山本安次郎の事業経営論」
討論者：庭本佳和（甲南大学），梶脇裕二（龍谷大学）
司会者：勝部伸夫（熊本学園大学）

【会員総会】（21号館5階534教室）
　17：20〜18：00
【懇親会】（本館地下1階　学生食堂）
　18：20〜20：20

　2013年5月19日（日）
【経営学史叢書刊行記念　特別セッション】（21号館5階534教室）（報告10分，質疑応答20分）
　9：30〜11：30　経営学史叢書刊行記念　特別セッション：経営学史叢書の意義と課題
総括報告：吉原正彦（青森中央学院大学・編集統括責任者）
司会者　：小笠原英司（明治大学・経営学史学会理事長）
各巻報告者：井藤正信（愛媛大学）
　　　　第Ⅰ巻：テイラー
　　　佐々木恒男（青森公立大学）
　　　　第Ⅱ巻：ファヨール
　　　三井　泉（日本大学）
　　　　第Ⅳ巻：フォレット
　　　藤井一弘（青森公立大学）
　　　　第Ⅵ巻：バーナード
　　　聞間　理（九州産業大学）
　　　　第Ⅶ巻：サイモン
　　　岸田民樹（名古屋大学）
　　　　第Ⅷ巻：ウッドワード
　　　庭本佳和（甲南大学）
　　　　第Ⅸ巻：アンソフ

　　　　　　　島田　恒（神戸学院大学）
　　　　　　　第Ⅹ巻：ドラッカー
　　　　　　　田中照純（立命館大学）
　　　　　　　第Ⅺ巻：ニックリッシュ
【統一論題】（21号館5階534教室）（報告30分，討論20分，質疑応答60分）
　12：30～15：45　サブテーマⅡ：経済学を超える経営学
　　　　　　　報告者：高橋公夫（関東学院大学）
　　　　　　　論　題：「経済学を超える経営学――経営学構想力の可能
　　　　　　　　　　　性――」
　　　　　　　報告者：丹沢安治（中央大学）
　　　　　　　論　題：「経済学に対する経営学の貢献――経営学におけ
　　　　　　　　　　　る新制度派経済学の展開とその方法論的含意――」
　　　　　　　報告者：三戸　浩（横浜国立大学）
　　　　　　　論　題：「経営学と経済学における人間観・企業観・社会
　　　　　　　　　　　観」
　　　　　　　討論者：河野昭三（甲南大学），風間信隆（明治大学）
　　　　　　　司会者：片岡信之（桃山学院大学）
【大会総括・閉会】（21号館5階534教室）
　15：45～16：00　大会総括：学会理事長　小笠原英司（明治大学）
　　　　　　　閉会の辞：第21回全国大会実行委員長　牧浦健二（近畿
　　　　　　　　　　　大学）

執筆者紹介（執筆順，肩書には大会後の変化が反映されている）

藤井　一弘（青森公立大学教授）
　　主著『バーナード（経営学史叢書第Ⅵ巻）』（編著）文眞堂，2011 年
　　　　『経営を動かす——その組織と管理の理論——』（編著）文眞堂，2008 年

山縣　正幸（近畿大学准教授）
　　主著『企業発展の経営学』（新装版）千倉書房，2010 年
　　主要論文「価値の動態としての企業——コジオール学派の諸説の再構成——」日本経営学会編『新しい資本主義と企業経営——経営学論集第83集——』（http: // www.jaba.jp / resources / c_media / themes / theme_0 / pdf/JBM_RP83-E86-2012_F_4.pdf）

藤沼　司（青森公立大学准教授）
　　主要論文「文明と科学技術を問う——『人工的世界』の拡張と〈art としての管理〉の役割——」経営哲学学会『経営哲学論集』第27集，2011年
　　　　「メイヨー——人間関係論の思想的基盤——」吉原正彦編著『メイヨー＝レスリスバーガー——人間関係論——（経営学史叢書第Ⅲ巻）』文眞堂，2013年，第3章

高橋　公夫（関東学院大学教授）
　　主要論文「グローバル時代における経営学批判原理の複合——『断絶の時代』を超えて——」経営学史学会編〔年報第18輯〕『危機の時代の経営と経営学』文眞堂，2011年
　　　　「フォレットの経営者論——職能・育成・正当性——」三井泉編著『フォレット（経営学史叢書第Ⅳ巻）』文眞堂，2012年

丹沢　安治（中央大学大学院戦略経営研究科教授）
　　主著『組織研究の基礎』白桃書房，2000年
　　　　『日中オフショアビジネスの展開』（編著）同友館，2014年

執筆者紹介　173

三戸　　浩（横浜国立大学教授）
　　主著『企業論（第3版）』（共著）有斐閣，2011年
　　　　『バーリ＝ミーンズ（経営学史叢書第Ⅴ巻）』（編著）文眞堂，2013年

林　　　徹（長崎大学教授）
　　主著『協働と躍動のマネジメント』中央経済社，2011年
　　　　『組織のパワーとリズム』中央経済社，2005年

藤川　なつこ（四日市大学講師）
　　主要論文「組織の学習障害：組織学習プロセスに生じる断絶と結合」岸田民樹編著『組織論から組織学へ』文眞堂，2009年，第5章
　　　　「高危険組織の構造統制と組織化――ノーマル・アクシデント理論と高信頼性理論の統合的考察――」『経済科学』名古屋大学大学院経済学研究科，第60巻第3号，2013年

森谷　周一（関西学院大学大学院商学研究科博士課程後期課程）
　　主要論文「戦略的人的資源管理理論の展開――Boxall, P. and Purcell, J. の所論を中心として――」『関西学院商学研究』第66号，2012年
　　　　「人事戦略の形成過程に関する一考察――戦略的人的資源管理論を手掛かりに――」『商学論究』第61巻第1号，2013年

庭本　佳子（神戸大学大学院経営学研究科博士課程後期課程）
　　主要論文「リーダーシップ論の展開」吉原正彦編著『メイヨー＝レスリスバーガー――人間関係論――（経営学史叢書第Ⅲ巻）』文眞堂，2013年，第5章第2節
　　　　「チーム制組織におけるリーダーシップ研究の源流――LewinとLikertの所説を中心に――」『六甲台論集――経営学編――』神戸大学大学院経営研究会，第59巻第2・3号，2012年

貴島　耕平（神戸大学大学院経営学研究科博士課程後期課程）
　　主要論文「若手従業員における自発的行動の研究」『神戸大学大学院経営学研究科修士論文』（未公刊），2012年
　　　　「プロアクティブ行動に対するシステム論的考察」『神戸大学大学院経営学研究科院生ワーキングペーパーシリーズ』No.201207a，2012年

経営学史学会年報掲載論文（自由論題）審査規定

1 本審査規定は本学会の年次大会での自由論題報告を条件にした論文原稿を対象とする。
2 編集委員会による形式審査
　原稿が著しく規定に反している場合，編集委員会の責任において却下することができる。
3 査読委員の選定
　査読委員は，原稿の内容から判断して適当と思われる会員2名に地域的バランスも考慮して，編集委員会が委嘱する。なお，大会当日の当該報告のチェアパーソンには査読委員を委嘱しない。また会員に適切な査読委員を得られない場合，会員外に査読委員を委嘱することができる。なお，原稿執筆者と特別な関係にある者（たとえば指導教授，同門生，同僚）には，査読委員を委嘱できない。
　なお，査読委員は執筆者に対して匿名とし，執筆者との対応はすべて編集委員会が行う。
4 編集委員会への査読結果の報告
　査読委員は，論文入手後速やかに査読を行い，その結果を30日以内に所定の「査読結果報告書」に記入し，編集委員会に査読結果を報告しなければならない。なお，報告書における「論文掲載の適否」は，次のように区分する。
①**適**：掲載可とするもの。
②**条件付き適**：条件付きで掲載可とするもの。査読委員のコメントを執筆者に返送し，再検討および修正を要請する。再提出された原稿の修正確認は編集委員会が行う。
③**再査読**：再査読を要するもの。査読委員のコメントを執筆者に返送し，再検討および修正を要請する。再提出された原稿は査読委員が再査読し，判断する。
④**不適**：掲載不可とするもの。ただし，他の1名の評価が上記①〜③の場合，査読委員のコメントを執筆者に返送し，再検討および修正を要請する。再提出された原稿は査読委員が再査読し，判断する。
　なお，再査読後の評価は「適（条件付きの場合も含む）」と「不適」の2つと

する。また，再査読後の評価が「不適」の場合，編集委員会の最終評価は，「掲載可」「掲載不可」の２つとするが，再査読論文に対して若干の修正を条件に「掲載可」とすることもある。その場合の最終判断は編集委員会が行う。

5　原稿の採否

編集委員会は，査読報告に基づいて，原稿の採否を以下のようなルールに従って決定する。

①査読委員が２名とも「適」の場合は，掲載を可とする。

②査読委員１名が「適」で，他の１名が「条件付き適」の場合は，修正原稿を編集委員会が確認した後，掲載を可とする。

③査読委員１名が「適」で，他の１名が「再査読」の場合は，後者に修正原稿を再査読するよう要請する。その結果が「適（条件付きの場合を含む）」の場合は，編集委員会が確認した後，掲載を可とする。「不適」の場合は，当該査読委員がそのコメントを編集委員会に提出し，編集委員会が最終判断を行う。

④査読委員が２名とも「条件付き適」の場合は，修正原稿を編集委員会が確認した後，掲載を可とする。

⑤査読委員１名が「条件付き適」で，他の１名が「再査読」の場合は，後者に修正原稿を再査読するよう要請する。その結果が「適（条件付きの場合を含む）」の場合は，編集委員会が前者の修正点を含め確認した後，掲載を可とする。「不適」の場合は，当該査読委員がそのコメントを編集委員会に提出し，編集委員会が最終判断を行う。

⑥査読委員が２名とも「再査読」の場合は，両者に修正原稿を再査読するよう要請する。その結果が２名とも「適（条件付きの場合を含む）」の場合は，編集委員会が確認した後，掲載を可とする。１名あるいは２名とも「不適」の場合は，当該査読委員がそのコメントを編集委員会に提出し，編集委員会が最終判断を行う。

⑦査読委員１名が「条件付き適」で，他の１名が「不適」の場合は，後者に修正原稿を再査読するよう要請する。その結果が「適（条件付きの場合を含む）」の場合は，編集委員会が前者の修正点を含め確認した後，掲載を可とする。「不適」の場合は，当該査読委員がそのコメントを編集委員会に提出し，編集委員会が最終判断を行う。

⑧査読委員１名が「再査読」で，他の１名が「不適」の場合は，両者に修正原稿を再査読するよう要請する。その結果が２名とも「適（条件付きの場合を含む）」

の場合は，編集委員会が確認した後，掲載を可とする。1名あるいは2名とも「不適」の場合は，当該査読委員がそのコメントを編集委員会に提出し，編集委員会が最終判断を行う。

⑨査読委員1名が「適」で，他の1名が「不適」の場合は，後者に修正原稿を再査読するよう要請する。その結果が「適（条件付きの場合を含む）」の場合は，編集委員会が確認した後，掲載を可とする。「不適」の場合は，当該査読委員がそのコメントを編集委員会に提出し，編集委員会が最終判断を行う。

⑩査読委員が2名とも「不適」の場合は，掲載を不可とする。

6 執筆者への採否の通知

編集委員会は，原稿の採否，掲載・不掲載の決定を，執筆者に文章で通知する。

経営学史学会
年報編集委員会

委員長　勝　部　伸　夫（熊本学園大学教授）
委　員　岩　田　　　浩（摂南大学教授）
委　員　小　笠　原　英　司（明治大学教授）
委　員　海道ノブチカ（関西学院大学教授）
委　員　風　間　信　隆（明治大学教授）
委　員　髙　橋　公　夫（関東学院大学教授）
委　員　藤　井　一　弘（青森公立大学教授）
委　員　山　口　隆　之（関西学院大学教授）

編集後記

　経営学史学会年報第21輯は「経営学の再生―経営学に何ができるか―」というタイトルのもと，当学会第21回全国大会の基調報告論文を含めた統一論題報告論文6本と自由論題報告論文5本を収めている。

　今大会の統一論題は「経営学に何ができるか」がテーマに掲げられ，「経営学の再生」を問おうとするものであった。経営学の「再生」と敢えて謳うからには，現在の経営学に対して無条件に現状肯定的であろうはずがない。すでに過去3回の大会でもほぼ同様の問題意識から，経営学が「危機の時代」にどう関わってきたのか，経営学の「思想と方法」は如何なるものであり，経営学の「貢献と反省」とは何かが問われてきた。「経営学の再生」というテーマもそれらの問題意識の延長線上にある。つまり，こうした統一論題のテーマに共通しているのは，経営学の「学」としての性格を明らかにし，その存在意義をもう一度根底から問い直そうということである。

　そもそも経営学が自らの学問としての性格と存在意義を問わねばならないというのは別に今に始まったことではない。例えばドイツ経営学はその出発点において厳しく批判され，自らの学問の性格を問わざるを得なかった。経営学にとってはまさに古くて新しい問題である。しかし今，経営学が置かれた状況はより厳しく，経営の理論においても実践においても，経営学はその存在意義が問われる事態に陥っている。今回はサブテーマとしてⅠ経営の発展と経営学，Ⅱ経済学を超える経営学という2つの柱が立てられ議論されたが，特に後者は近年の「経営学の経済学化」に対する危機感が根底にある。これに関して本年報には力稿6本が収められており，何れもそれぞれの立場から経営学の存在理由を論じるとともに，経営学の進むべき方向を示唆するものになっている。読者は経営学再生の萌芽をそこから見出してもらいたい。

　それにしても経営学とはつくづく難しい学問であると思う。しかしまたそのように宿命づけられた学問であるからこそ，われわれは問い続けねばならないし，そこから他の学問にはない「現代の学」としての経営学の独自の意義も見出せるのではなかろうか。

（勝部伸夫　記）

THE ANNUAL BULLETIN
of
The Society for the History of Management Theories

No. 21   May, 2014

The Revival of the Study of Business Administration: What can the Study of Business Administration do?

Contents

Preface
                         Eiji OGASAWARA (Meiji University)

I **Meaning of the Theme**

II **The Revival of the Study of Business Administration: What can the Study of Business Administration do?**

  1 What can the Study of Business Administration do? : The Revival of the Study of Business Administration
                         Kazuhiro FUJII (Aomori Public University)

  2 From "Betriebserhaltung" to "Unternehmungsentwicklung": The Concept of "Value Creation (Wertschöpfung)" and Stakeholder-oriented Approach in Business Administration in Germany
                         Masayuki YAMAGATA (Kinki University)

  3 The Rethinking of Management Theories Based on "Theory of Co-operation"
                         Tsukasa FUJINUMA (Aomori Public University)

  4 Management Theory beyond Economics: Possibilities of Management Imagination
                         Kimio TAKAHASHI (Kanto Gakuin University)

5 Analysis of the Interactions between Economics and Business Practice in Organizations
    Yasuharu TANZAWA (Chuo University)
6 The View of Human Being, Corporation, and Society in Management and Economics
    Hiroshi MITO (Yokohama National University)

III Other Themes

7 Rethinking the Arguments about Organizational Equilibrium: An Inquiry into the Aspiration Level
    Toru HAYASHI (Nagasaki University)
8 The Development of High Reliability Organizations Studies
    Natsuko FUJIKAWA (Yokkaichi University)
9 Human Resource Management and Strategy
    Shuichi MORITANI (Kwansei Gakuin University)
10 The Role of Human Resource of Management in Organizational Capabilities: Focusing upon Coordination and Cooperation
    Yoshiko NIWAMOTO (Kobe University)
11 Reconsideration of Micro-Macro Gap Problem in Organizational Behavior: Applications of Interdisciplinary Approach based on Socio-technical Systems
    Kohei KIJIMA (Kobe University)

IV Literatures

V Materials

Abstracts

What can the Study of Business Administration do?: The Revival of the Study of Business Administration

Kazuhiro FUJII (Aomori Public University)

The Society for the History of Management Theories has discussed "real world", "corporate management in the actual world" and "the relevance to the management theories" with historical issues at the past three national conferences. Specifically, at the last conference, we discussed how the management theories should consider the actual Japanese situation after the last great earthquake which is called civilization disaster as well, under the theme of "Contribution from and Reflection on the Study of Business administration." However, today's Japanese society is still based on a paradigm of "mass production and mass consumption" which is presumed from a key word of "growth strategy." On the other hand, in the Japanese society, we are faced with a serious issue of population decrease because of the declining birthrate and aging population. In the above mentioned circumstances, an alternative concept should be suggested in stead of the conventional management theories which believes the economic growth as a necessary prior condition.

From "Betriebserhaltung" to "Unternehmungsentwicklung": The Concept of "Value Creation (Wertschöpfung)" and Stakeholder-oriented Approach in Business Administration in Germany

Masayuki YAMAGATA (Kinki University)

The aim of this paper is to discuss the concept of "Value Creation (Wertschöpfung)" and stakeholder-oriented approach in Business Administration in Germany. This Concept have been traditionally influential in this field. Particularity, there are three noteworthy theoretical framework, viz. "internal and external Value Circulation" (H. Nicklisch), "the Instrumental These of the Firm" (R.-B. Schmidt), and "the Concept of Integrated Management" (K. Bleicher).

These Frameworks have commonality that accords importance to relationship between the corporation and its stakeholders, and to value flow generated with that relationship. In this paper, we inquire to the development of these framework, so clarify the essence of stakeholder-oriented approach in German Business Administration. And throughout this discussion, we explore the possibility of application into corporate model in the 21th century.

The Rethinking of Management Theories Based on "Theory of Co-operation"

Tsukasa FUJINUMA (Aomori Public University)

The co-operation is an expression of freedom which pursues the practicability of purpose. We have been able to secure the wider degree of freedom, through the expansion or development of co-operations. In our social world various forces (physical, biological, personal, and social) flow in whirls. To coordinate those conflicting forces and to integrate them is our indispensable task. Those are the "art of human" (management as art). "Qualitative improvement of the coordination" means "development of the management". The art of human holds three dilemmas. ① How to establish and maintain a balance between the individuals and the whole; ② how to establish and maintain Authority; and ③ how to secure toleration among people. The economic co-operation or "corporation" has brought "the intolerance of the organization" that lacked the balance of the individuals and the whole, made economic authority swell and lost the harmony with situations. This is the origin of the problems of contemporary business administration.

Management Theory beyond Economics:
Possibilities of Management Imagination

Kimio TAKAHASHI (Kanto Gakuin University)

The purpose of this paper is to discuss the proper field and method of management theory comparing with economics, especially "economics of internal organization" and Marxian "individual capital theory". Economics of internal organization is ineffective as management theory, because it can't achieve harmony between individuals and the whole. Both meaning and limit of economics of internal organization are basically in its egoistic hypothesis that opportunism and limits of rationality of human behavior in market generate transaction costs and agency costs, which cause creation of organization and governance. Individual capital theory is not management theory in itself, but it is, if individual capital gradually includes concrete consciousness in 5-stages. Including consciousness in individual capital raises the problem of inconsistency between the ideal and the reality in management. However, the problem provides management theory larger possibilities of imagination to create its own future. Therefore, management theory needs normative theory as well as scientific theory and technical theory.

The Analysis of the Interactions between Economics and Business Practice in Organizations

Yasuharu TANZAWA (Chuo University)

Economic theories are now widely incorporated into business development and administrative practice. For example, transaction cost economics is applied to many strategic problems, such as vertical integration and disintegration, outsourcing, and decisions regarding new and emerging markets. Moreover, strategic management activities provide novel economic applications, such as relationship rent, transaction value, tacit knowledge, and capability. Thus, strategic management activity interacts with and contributes to the theoretical framework of transaction cost economics. However, an evaluation of these interactions, and their effects on economic theories, has not yet been reported. This paper analyzes the interactions between business administration processes and economics from the methodological perspective.

The View of Human Being, Corporation, and Society in Management and Economics

Hiroshi MITO (Yokohama National University)

There are three points comparing between a paradigm of the management and economics. The view of society is from the capitalist society to the organization society (by P. F. Drucker, A. F. Chandler, Jr.). The view of character of corporation is from owner's property to organ for the social (by A. A. Berle = G. C. Means). The view of human being is from X-type theory to Y-type theory (by the school of human relations, and C. I. Barnard, H. A. Simon). "Innovation" and "sustainability" are the most important topics. The economics will not answer to problems for "business and social (CSR and business ethics)" enough. In addition, NPO, a social enterprise, the stakeholder may remain in an economic hand. I need to consider the most successful "Japanese management" in the 20th century will incorporate into "United States type management" (market mechanism + stockholder sovereignty = economics paradigm) as global standard.

経営学の再生
——経営学に何ができるか——
経営学史学会年報　第 21 輯

2014 年 5 月 16 日　第 1 版第 1 刷発行　　　　　　　検印省略

　編　者　　　　経 営 学 史 学 会

　発行者　　　　前　　野　　　　弘

　　　　　　　東京都新宿区早稲田鶴巻町533
　発行所　　株式会社 文　眞　堂
　　　　　　　電　話　03（3202）8480
　　　　　　　ＦＡＸ　03（3203）2638
　　　　　　　郵便番号(162-0041)振替00120-2-96437

組版・オービット　印刷・平河工業社　製本・イマヰ製本所
© 2014
URL. http://keieigakusi.info/
　　　http://www.bunshin-do.co.jp/
落丁・乱丁本はおとりかえいたします
定価はカバー裏に表示してあります
ISBN978-4-8309-4826-8　C3034

●好評既刊

経営学の位相 第一輯
●主要目次
I　課題
- 一　経営学の本格化と経営学史研究の重要性　　　山本　安次郎
- 二　社会科学としての経営学　　　三戸　公
- 三　管理思考の呪縛——そこからの解放　　　北野　利信
- 四　バーナードとヘンダーソン　　　加藤　勝康
- 五　経営経済学史と科学方法論　　　永田　誠
- 六　非合理主義的組織論の展開を巡って　　　稲村　毅
- 七　組織情報理論の構築へ向けて　　　小林　敏男

II　人と業績
- 八　村本福松先生と中西寅雄先生の回想　　　高田　馨
- 九　馬場敬治——その業績と人柄　　　雲嶋　良雄
- 十　北川宗藏教授の「経営経済学」　　　海道　進
- 十一　シュマーレンバッハ学説のわが国への導入　　　齊藤　隆夫
- 十二　回想——経営学研究の歩み　　　大島　國雄

経営学の巨人 第二輯
●主要目次
I　経営学の巨人
- 一　H・ニックリッシュ
  - 1　現代ドイツの企業体制とニックリッシュ　　　吉田　修
  - 2　ナチス期ニックリッシュの経営学　　　田中　照純
  - 3　ニックリッシュの自由概念と経営思想　　　鈴木　辰治
- 二　C・I・バーナード
  - 4　バーナード理論と有機体の論理　　　村田　晴夫
  - 5　現代経営学とバーナードの復権　　　庭本　佳和
  - 6　バーナード理論と現代　　　稲村　毅
- 三　K・マルクス
  - 7　日本マルクス主義と批判的経営学　　　川端　久夫
  - 8　旧ソ連型マルクス主義の崩壊と個別資本説の現段階　　　片岡　信之
  - 9　マルクスと日本経営学　　　篠原　三郎

Ⅱ 経営学史論攷
　1　アメリカ経営学史の方法論的考察　　　　　　　　　　三　井　　　泉
　2　組織の官僚制と代表民主制　　　　　　　　　　　　　奥　田　幸　助
　3　ドイツ重商主義と商業経営論　　　　　　　　　　　　北　村　健之助
　4　アメリカにみる「キャリア・マネジメント」理論の動向　西　川　清　之
Ⅲ 人と業績
　1　藻利重隆先生の卒業論文　　　　　　　　　　　　　　三　戸　　　公
　2　日本の経営学研究の過去・現在・未来　　　　　　　　儀　我　壮一郎
　3　経営学生成への歴史的回顧　　　　　　　　　　　　　鈴　木　和　蔵
Ⅳ 文　献

日本の経営学を築いた人びと　第三輯
● 主要目次
Ⅰ 日本の経営学を築いた人びと
　一　上田貞次郎――経営学への構想――　　　　　　　　　小　松　　　章
　二　増地庸治郎経理論の一考察　　　　　　　　　　　　河　野　大　機
　三　平井泰太郎の個別経済学　　　　　　　　　　　　　　眞　野　　　脩
　四　馬場敬治経営学の形成・発展の潮流とその現代的意義　岡　本　康　雄
　五　古林経営学――人と学説――　　　　　　　　　　　　門　脇　延　行
　六　古林教授の経営労務論と経営民主化論　　　　　　　　奥　田　幸　助
　七　馬場克三――五段階説、個別資本説そして経営学――　三　戸　　　公
　八　馬場克三・個別資本の意識性論の遺したもの　　　　　川　端　久　夫
　　　――個別資本説と近代管理学の接点――
　九　山本安次郎博士の「本格的経営学」の主張をめぐって　加　藤　勝　康
　　　――Kuhnian Paradigmとしての「山本経営学」――
　十　山本経営学の学史的意義とその発展の可能性　　　　　谷　口　照　三
　十一　高宮　晋―経営組織の経営学的論究　　　　　　　　鎌　田　伸　一
　十二　山城経営学の構図　　　　　　　　　　　　　　　　森　本　三　男
　十三　市原季一博士の経営学説――ニックリッシュとともに――　増　田　正　勝
　十四　占部経営学の学説史的特徴とバックボーン　　　　　金　井　壽　宏
　十五　渡辺銕蔵論――経営学史の一面――　　　　　　　　高　橋　俊　夫
　十六　生物学的経営学説の生成と展開　　　　　　　　　　裴　　　富　吉
　　　――暉峻義等の労働科学：経営労務論の一源流――
Ⅱ 文　献

アメリカ経営学の潮流 第四輯
● 主要目次
I　アメリカ経営学の潮流
　一　ポスト・コンティンジェンシー理論──回顧と展望── 野中郁次郎
　二　組織エコロジー論の軌跡 村上伸一
　　　　──一九八〇年代の第一世代の中核論理と効率に関する議論の検討を中心にして──
　三　ドラッカー経営理論の体系化への試み 河野大機
　四　H・A・サイモン──その思想と経営学── 稲葉元吉
　五　バーナード経営学の構想 眞野脩
　六　プロセス・スクールからバーナード理論への接近 辻村宏和
　七　人間関係論とバーナード理論の結節点 吉原正彦
　　　　──バーナードとキャボットの交流を中心として──
　八　エルトン・メイヨーの管理思想再考 原田實
　九　レスリスバーガーの基本的スタンス 杉山三七男
　十　F・W・テイラーの管理思想 中川誠士
　　　　──ハーバード経営大学院における講義を中心として──
　十一　経営の行政と統治 北野利信
　十二　アメリカ経営学の一一〇年──社会性認識をめぐって── 中村瑞穂
II　文　献

経営学研究のフロンティア 第五輯
● 主要目次
I　日本の経営者の経営思想
　一　日本の経営者の経営思想 清水龍瑩
　　　　──情報化・グローバル化時代の経営者の考え方──
　二　日本企業の経営理念にかんする断想 森川英正
　三　日本型経営の変貌──経営者の思想の変遷── 川上哲郎
II　欧米経営学研究のフロンティア
　四　アメリカにおけるバーナード研究のフロンティア 高橋公夫
　　　　──William, G. Scott の所説を中心として──
　五　フランスにおける商学・経営学教育の成立と展開 日高定昭
　　　　（一八一九年──一九五六年）
　六　イギリス組織行動論の一断面 幸田浩文

　　　　――経験的調査研究の展開をめぐって――
　七　ニックリッシュ経営学変容の新解明　　　　　　　森　　哲　彦
　八　E・グーテンベルク経営経済学の現代的意義　　　髙　橋　由　明
　　　　――経営タイプ論とトップ・マネジメント論に焦点を合わせて――
　九　シュマーレンバッハ「共同経済的生産性」概念の再構築　永　田　　誠
　十　現代ドイツ企業体制論の展開　　　　　　　　　　海道ノブチカ
　　　　――R・-B・シュミットとシュミーレヴィチを中心として――
Ⅲ　現代経営・組織研究のフロンティア
　十一　企業支配論の新視角を求めて　　　　　　　　　片　岡　　進
　　　　――内部昇進型経営者の再評価、資本と情報の同時追究、
　　　　　自己組織論の部分的導入――
　十二　自己組織化・オートポイエーシスと企業組織論　長　岡　克　行
　十三　自己組織化現象と新制度派経済学の組織論　　　丹　沢　安　治
Ⅳ　文　献

経営理論の変遷　第六輯
● 主要目次
Ⅰ　経営学史研究の意義と課題
　一　経営学史研究の目的と意義　　　　　　ウィリアム・G・スコット
　二　経営学史の構想における一つの試み　　　　　　加　藤　勝　康
　三　経営学の理論的再生運動　　　　　　　　　　　鈴　木　幸　毅
Ⅱ　経営理論の変遷と意義
　四　マネジメント・プロセス・スクールの変遷と意義　二　村　敏　子
　五　組織論の潮流と基本概念　　　　　　　　　　　岡　本　康　雄
　　　　――組織的意思決定論の成果をふまえて――
　六　経営戦略の意味　　　　　　　　　　　　　　　加護野　忠　男
　七　状況適合理論（Contingency Theory）　　　　　 岸　田　民　樹
Ⅲ　現代経営学の諸相
　八　アメリカ経営学とヴェブレニアン・インスティテュー
　　　ショナリズム　　　　　　　　　　　　　　　　今　井　清　文
　九　組織論と新制度派経済学　　　　　　　　　　　福　永　文美夫
　十　企業間関係理論の研究視点　　　　　　　　　　山　口　隆　之
　　　　――「取引費用」理論と「退出／発言」理論の比較を通じて――
　十一　ドラッカー社会思想の系譜　　　　　　　　　島　田　　恒
　　　　――「産業社会」の構想と挫折、「多元社会」への展開――

十二	バーナード理論のわが国への適用と限界	大　平　義　隆
十三	非合理主義的概念の有効性に関する一考察	前　田　東　岐
	──ミンツバーグのマネジメント論を中心に──	
十四	オートポイエシス──経営学の展開におけるその意義──	藤　井　一　弘
十五	組織文化の組織行動に及ぼす影響について	間　嶋　　　崇
	──E・H・シャインの所論を中心に──	

Ⅳ　文　献

経営学百年──鳥瞰と未来展望──　第七輯

● 主要目次

Ⅰ　経営学百年──鳥瞰と未来展望──

一	経営学の主流と本流──経営学百年、鳥瞰と課題──	三　戸　　　公
二	経営学における学の世界性と経営学史研究の意味	村　田　晴　夫
	──「経営学百年──鳥瞰と未来展望」に寄せて	
三	マネジメント史の新世紀	ダニエル・A・レン

Ⅱ　経営学の諸問題──鳥瞰と未来展望──

四	経営学の構想──経営学の研究対象・問題領域・考察方法──	万　仲　脩　一
五	ドイツ経営学の方法論吟味	清　水　敏　允
六	経営学における人間問題の理論的変遷と未来展望	村　田　和　彦
七	経営学における技術問題の理論的変遷と未来展望	宗　像　正　幸
八	経営学における情報問題の理論的変遷と未来展望	伊藤淳巳・下﨑千代子
	──経営と情報──	
九	経営学における倫理・責任問題の理論的変遷と未来展望	西　岡　健　夫
十	経営の国際化問題について	赤　羽　新太郎
十一	日本的経営論の変遷と未来展望	林　　　正　樹
十二	管理者活動研究の理論的変遷と未来展望	川　端　久　夫

Ⅲ　経営学の諸相

十三	M・P・フォレット管理思想の基礎	杉　田　　　博
	──ドイツ観念論哲学における相互承認論との関連を中心に──	
十四	科学的管理思想の現代的意義	藤　沼　　　司
	──知識社会におけるバーナード理論の可能性を求めて──	
十五	経営倫理学の拡充に向けて	岩　田　　　浩
	──デューイとバーナードが示唆する重要な視点──	
十六	H・A・サイモンの組織論と利他主義モデルを巡って	髙　　　　　巖
	──企業倫理と社会選択メカニズムに関する提言──	

十七	組織現象における複雑性	阿辻 茂夫
十八	企業支配論の一考察	坂本 雅則
	──既存理論の統一的把握への試み──	

Ⅳ 文献

組織管理研究の百年　第八輯

● 主要目次

Ⅰ 経営学百年──組織・管理研究の方法と課題──

一	経営学研究における方法論的反省の必要性	佐々木 恒男
二	比較経営研究の方法と課題	愼　侑根
	──東アジア的企業経営システムの構想を中心として──	
三	経営学の類別と展望──経験と科学をキーワードとして──	原澤 芳太郎
四	管理論・組織論における合理性と人間性	池内 秀己
五	アメリカ経営学における「プラグマティズム」と「論理実証主義」	三井　泉
六	組織変革とポストモダン	今田 高俊
七	複雑適応系──第三世代システム論──	河合 忠彦
八	システムと複雑性	西山 賢一

Ⅱ 経営学の諸問題

九	組織の専門化に関する組織論的考察	吉成　亮
	──プロフェッショナルとクライアント──	
十	オーソリティ論における職能説	高見 精一郎
	──高宮晋とM・P・フォレット──	
十一	組織文化論再考──解釈主義的文化論へ向けて──	四本 雅人
十二	アメリカ企業社会とスピリチュアリティー	村山 元理
十三	自由競争を前提にした市場経済原理にもとづく経営学の功罪──経営資源所有の視点から──	海老澤 栄一
十四	組織研究のあり方	大月 博司
	──機能主義的分析と解釈主義的分析──	
十五	ドイツの戦略的管理論研究の特徴と意義	加治 敏雄
十六	企業に対する社会的要請の変化	小山 嚴也
	──社会的責任論の変遷を手がかりにして──	
十七	E・デュルケイムと現代経営学	齋藤 貞之

Ⅲ 文献

IT革命と経営理論　第九輯
●主要目次
I　テイラーからITへ────経営理論の発展か、転換か────
　一　序説　テイラーからITへ────経営理論の発展か転換か────　　稲　葉　元　吉
　二　科学的管理の内包と外延────IT革命の位置────　　三　戸　　　公
　三　テイラーとIT────断絶か連続か────　　篠　崎　恒　夫
　四　情報化と協働構造　　國　領　二　郎
　五　経営情報システムの過去・現在・未来　　島　田　達　巳
　　　　　────情報技術革命がもたらすもの────
　六　情報技術革命と経営および経営学　　庭　本　佳　和
　　　　　────島田達巳「経営情報システムの過去・現在・未来」をめぐって────
II　論　攷
　七　クラウゼウィッツのマネジメント論における理論と実践　　鎌　田　伸　一
　八　シュナイダー企業者職能論　　関　野　　　賢
　九　バーナードにおける組織の定義について　　坂　本　光　男
　　　　　────飯野−加藤論争に関わらせて────
　十　バーナード理論と企業経営の発展　　高　橋　公　夫
　　　　　────原理論・類型論・段階論────
　十一　組織論における目的概念の変遷と展望　　西　本　直　人
　　　　　────ウェーバーからCMSまで────
　十二　ポストモダニズムと組織論　　高　橋　正　泰
　十三　経営組織における正義　　宮　本　俊　昭
　十四　企業統治における法的責任の研究　　境　　　新　一
　　　　　────経営と法律の複眼的視点から────
　十五　企業統治論における正当性問題　　渡　辺　英　二
III　文　献

現代経営と経営学史の挑戦
────グローバル化・地球環境・組織と個人────　第十輯
●主要目次
I　現代経営の課題と経営学史研究
　一　現代経営の課題と経営学史研究の役割―展望　　小笠原　英　司
　二　マネジメントのグローバルな移転　　岡　田　和　秀
　　　　　────マネジメント・学説・背景────

三　グローバリゼーションと文化　　　　　　　　　　　　　髙　橋　由　明
　　　　——経営管理方式国際移転の社会的意味——
　四　現代経営と地球環境問題——経営学史の視点から——　　庭　本　佳　和
　五　組織と個人の統合　　　　　　　　　　　　　　　　　　太　田　　　肇
　　　　——ポスト新人間関係学派のモデルを求めて——
　六　日本的経営の一検討——その毀誉褒貶をたどる——　　　赤　岡　　　功
Ⅱ　創立十周年記念講演
　七　経営学史の課題　　　　　　　　　　　　　　　　　　　阿　部　謹　也
　八　経営学教育における企業倫理の領域　　　　　　　　　E・M・エプスタイン
　　　　——過去・現在・未来——
Ⅲ　論　攷
　九　バーナード組織概念の一詮議　　　　　　　　　　　　　川　端　久　夫
　十　道徳と能力のシステム——バーナードの人間観再考——　磯　村　和　人
　十一　バーナードにおける過程性と物語性　　　　　　　　　小　濱　　　純
　　　　——人間観からの考察——
　十二　経営学における利害関係者研究の生成と発展　　　　　水　村　典　弘
　　　　——フリーマン学説の検討を中心として——
　十三　現代経営の底流と課題——組織知の創造を超えて——　藤　沼　　　司
　十四　個人行為と組織文化の相互影響関係に関する一考察　　間　嶋　　　崇
　　　　——A・ギデンズの構造化論をベースとした組織論の考察をヒントに——
　十五　組織論における制度理論の展開　　　　　　　　　　　岩　橋　建　治
　十六　リーダーシップと組織変革　　　　　　　　　　　　　吉　村　泰　志
　十七　ブライヒャー統合的企業管理論の基本思考　　　　　　山　縣　正　幸
　十八　エーレンベルク私経済学の再検討　　　　　　　　　　梶　脇　裕　二
Ⅳ　文　献

経営学を創り上げた思想　第十一輯
● 主要目次
Ⅰ　経営理論における思想的基盤
　一　経営学における実践原理・価値規準について　　　　　　仲　田　正　機
　　　　——アメリカ経営管理論を中心として——
　二　プラグマティズムと経営理論　　　　　　　　　　　　　岩　田　　　浩
　　　　——チャールズ・S・パースの思想からの洞察——
　三　プロテスタンティズムと経営思想　　　　　　　　　　　三　井　　　泉
　　　　——クウェーカー派を中心として——

四　シュマーレンバッハの思想的・実践的基盤　　　　　　　　　平　田　光　弘
　　五　ドイツ経営経済学・経営社会学と社会的カトリシズム　　　　増　田　正　勝
　　六　上野陽一の能率道　　　　　　　　　　　　　　　　　　　　齊　藤　毅　憲
　　七　日本的経営の思想的基盤——経営史的な考究——　　　　　　由　井　常　彦
Ⅱ　特別講演
　　八　私の経営理念　　　　　　　　　　　　　　　　　　　　　　辻　　　　　理
Ⅲ　論　攷
　　九　ミッションに基づく経営——非営利組織の事業戦略基盤——　島　田　　　恒
　　十　価値重視の経営哲学　　　　　　　　　　　　　　　　　　　村　山　元　理
　　　　　——スピリチュアリティの探求を学史的に照射して——
　　十一　企業統治における内部告発の意義と問題点　　　　　　　　境　　　新　一
　　　　　——経営と法律の視点から——
　　十二　プロセスとしてのコーポレート・ガバナンス　　　　　　　生　田　泰　亮
　　　　　——ガバナンス研究に求められるもの——
　　十三　「経営者の社会的責任」論とシュタインマンの企業倫理論　高　見　直　樹
　　十四　ヴェブレンとドラッカー——企業・マネジメント・社会——　春　日　　　賢
　　十五　調整の概念の学史的研究と現代的課題　　　　　　　　　　松　田　昌　人
　　十六　HRO研究の革新性と可能性　　　　　　　　　　　　　　西　本　直　人
　　十七　「ハリウッド・モデル」とギルド　　　　　　　　　　　　國　島　弘　行
Ⅳ　文　献

ガバナンスと政策——経営学の理論と実践——　第十二輯

● 主要目次
Ⅰ　ガバナンスと政策
　　一　ガバナンスと政策　　　　　　　　　　　　　　　　　　　　片　岡　信　之
　　二　アメリカにおける企業支配論と企業統治論　　　　　　　　　佐久間　信　夫
　　三　フランス企業統治　　　　　　　　　　　　　　　　　　　　簗　場　保　行
　　　　　——経営参加、取締役会改革と企業法改革——
　　四　韓国のコーポレート・ガバナンス改革とその課題　　　　　　勝　部　伸　夫
　　五　私の経営観　　　　　　　　　　　　　　　　　　　　　　　岩　宮　陽　子
　　六　非営利組織における運営の公正さをどう保つのか　　　　　　荻　野　博　司
　　　　　——日本コーポレート・ガバナンス・フォーラム十年の経験から——
　　七　行政組織におけるガバナンスと政策　　　　　　　　　　　　石　阪　丈　一
Ⅱ　論　攷
　　八　コーポレート・ガバナンス政策としての時価主義会計　　　　菊　澤　研　宗

──M・ジェンセンのエージェンシー理論とF・シュ
　　　　　ミットのインフレ会計学説の応用──
　九　組織コントロールの変容とそのロジック　　　　　　　大　月　博　司
　十　組織間関係の進化に関する研究の展開　　　　　　　　小　橋　　　勉
　　　　──レベルとアプローチの視点から──
　十一　アクター・ネットワーク理論の組織論的可能性　　　髙　木　俊　雄
　　　　──異種混交ネットワークのダイナミズム──
　十二　ドイツにおける企業統治と銀行の役割　　　　　　　松　田　　　健
　十三　ドイツ企業におけるコントローリングの展開　　　　小　澤　優　子
　十四　M・P・フォレット管理思想の基礎　　　　　　　　杉　田　　　博
　　　　──W・ジェームズとの関連を中心に──
Ⅲ　文献

企業モデルの多様化と経営理論　第十三輯
　　──二十一世紀を展望して──
● 主要目次
Ⅰ　企業モデルの多様化と経営理論
　一　経営学史研究の新展開　　　　　　　　　　　　　　佐々木　恒　男
　二　アメリカ経営学の展開と組織モデル　　　　　　　　岸　田　民　樹
　三　二十一世紀の企業モデルと経営理論──米国を中心に──　角　野　信　夫
　四　EU企業モデルと経営理論　　　　　　　　　　　　万　仲　脩　一
　五　EUにおける労働市場改革と労使関係　　　　　　　久　保　広　正
　六　アジア─中国企業モデルと経営理論　　　　　　　　金　山　　　権
　七　シャリーア・コンプライアンスと経営　　　　　　　櫻　井　秀　子
　　　　──イスラームにおける経営の原則──
Ⅱ　論攷
　八　経営学と社会ダーウィニズム　　　　　　　　　　　福　永　文美夫
　　　　──テイラーとバーナードの思想的背景──
　九　個人と組織の不調和の克服を目指して　　　　　　　平　澤　　　哲
　　　　──アージリス前期学説の体系とその意義──
　十　経営戦略論の新展開における「レント」概念
　　　の意義について　　　　　　　　　　　　　　　　　石　川　伊　吹
　十一　経営における意思決定と議論合理性　　　　　　　宮　田　将　吾
　　　　──合理性測定のコンセプト──

十二　ステークホルダー型企業モデルの構造と機能　　　　　水　村　典　弘
　　　　　　──ステークホルダー論者の論法とその思想傾向──
　　十三　支援組織のマネジメント──信頼構築に向けて──　　狩　俣　正　雄
　Ⅲ　文　献

経営学の現在──ガバナンス論、組織論・戦略論──　第十四輯
● 主要目次
　Ⅰ　経営学の現在
　　一　「経営学の現在」を問う　　　　　　　　　　　　　　　勝　部　伸　夫
　　　　　　──コーポレート・ガバナンス論と管理論・組織論──
　　二　株式会社を問う──「団体」の概念──　　　　　　　　中　條　秀　治
　　三　日本の経営システムとコーポレート・ガバナンス　　　　菊　池　敏　夫
　　　　　　──その課題、方向、および条件の検討──
　　四　ストックホルダー・ガバナンス対ステイクホルダー・ガバナンス　菊　澤　研　宗
　　　　　　──状況依存的ステイクホルダー・ガバナンスへの収束──
　　五　経営学の現在──自己組織・情報世界を問う──　　　　三　戸　　　公
　　六　経営学史の研究方法　　　　　　　　　　　　　　　　　吉　原　正　彦
　　　　　　──「人間協働の科学」の形成を中心として──
　　七　アメリカの経営戦略と日本企業の実証研究　　　　　　　沼　上　　　幹
　　　　　　──リソース・ベースト・ビューを巡る相互作用──
　　八　経営戦略研究の新たな視座　　　　　　　　　　　　　　庭　本　佳　和
　　　　　　──沼上報告「アメリカの経営戦略論（RBV）と日本企業
　　　　　　　の実証的研究」をめぐって──
　Ⅱ　論　攷
　　九　スイッチングによる二重性の克服　　　　　　　　　　　渡　辺　伊津子
　　　　　　──品質モデルをてがかりにして──
　　十　組織認識論と資源依存モデルの関係　　　　　　　　　　佐々木　秀　徳
　　　　　　──環境概念、組織観を手掛かりとして──
　　十一　組織学習論における統合の可能性　　　　　　　　　　伊　藤　なつこ
　　　　　　──マーチ＆オルセンの組織学習サイクルを中心に──
　　十二　戦略論研究の展開と課題　　　　　　　　　　　　　　宇田川　元　一
　　　　　　──現代戦略論研究への学説史的考察から──
　　十三　コーポレート・レピュテーションによる持続的競争優位　加賀田　和　弘
　　　　　　──資源ベースの経営戦略の観点から──
　　十四　人間操縦と管理論　　　　　　　　　　　　　　　　　山　下　　　剛

十五	リーダーシップ研究の視点	薄羽哲哉
	──リーダー主体からフォロワー主体へ──	
十六	チャールズ・バベッジの経営思想	村田和博
十七	非営利事業体ガバナンスの意義と課題について	松本典子
	──ワーカーズ・コレクティブ調査を踏まえて──	
十八	EUと日本におけるコーポレート・ガバナンス・コドックスの比較	ラルフ・ビーブンロット

Ⅲ 文献

現代経営学の新潮流──方法、CSR・HRM・NPO── 第十五輯

● 主要目次

Ⅰ 経営学の方法と現代経営学の諸問題

一	経営学の方法と現代経営学の諸問題	小笠原英司
二	組織研究の方法と基本仮定──経営学との関連で──	坂下昭宣
三	経営研究の多様性とレレヴァンス問題	長岡克行
	──英語圏における議論の検討──	
四	経営学と経営者の育成	辻村宏和
五	わが国におけるCSRの動向と政策課題	谷本寛治
六	ワーク・ライフ・バランスとHRM研究の新パラダイム	渡辺峻
	──「社会化した自己実現人」と「社会化した人材マネジメント」──	
七	ドラッカー学説の軌跡とNPO経営学の可能性	島田恒

Ⅱ 論攷

八	バーナード組織概念の再詮議	川端久夫
九	高田保馬の勢力論と組織	林徹
十	組織論と批判的実在論	鎌田伸一
十一	組織間関係論における埋め込みアプローチの検討	小橋勉
	──その射程と課題──	
十二	実践重視の経営戦略論	吉成亮
十三	プロジェクトチームのリーダーシップ	平井信義
	──橋渡し機能を中心として──	
十四	医療における公益性とメディカル・ガバナンス	小島愛
十五	コーポレート・ガバナンス論におけるExit・Voice・Loyaltyモデルの可能性	石嶋芳臣
十六	企業戦略としてのCSR	矢口義教
	──イギリス石油産業の事例から──	

Ⅲ 文献

経営理論と実践 第十六輯
●主要目次
Ⅰ 趣旨説明——経営理論と実践　　　　　　　　　　　　　　　　　第五期運営委員会
Ⅱ 経営理論と実践
　一　ドイツ経営学とアメリカ経営学における理論と実践　　　　　　高橋由明
　二　経営理論の実践性とプラグマティズム　　　　　　　　　　　　岩田　浩
　　　——ジョン・デューイの思想を通して——
　三　ドイツの経営理論で、世界で共通に使えるもの　　　　　　　　小山明宏
　四　現代CSRの基本的性格と批判経営学研究の課題・方法　　　　百田義治
　五　経営"共育"への道　　　　　　　　　　　　　　　　　　　　齊藤毅憲
　　　——ゼミナール活動の軌跡から——
　六　経営学の研究者になるということ　　　　　　　　　　　　　　上林憲雄
　　　——経営学研究者養成の現状と課題——
　七　日本におけるビジネススクールの展開と二十一世紀への展望　　高橋文郎
　　　　　　　　　　　　　　　　　　　　　　　　　　　　　　　　中西正雄
　　　　　　　　　　　　　　　　　　　　　　　　　　　　　　　　高橋宏幸
　　　　　　　　　　　　　　　　　　　　　　　　　　　　　　　　丹沢安治
Ⅲ 論攷
　八　チーム医療の必要性に関する試論　　　　　　　　　　　　　　渡邉弥生
　　　——「実践コミュニティ論」の視点をもとにして——
　九　OD（組織開発）の歴史的整理と展望　　　　　　　　　　　　西川耕平
　十　片岡説と構造的支配−権力パラダイムとの接点　　　　　　　　坂本雅則
Ⅳ 文献

経営学の展開と組織概念 第十七輯
●主要目次
Ⅰ 趣旨説明——経営理論と組織概念　　　　　　　　　　　　　　　第六期運営委員会
Ⅱ 経営理論と組織概念
　一　経営理論における組織概念の生成と展開　　　　　　　　　　　庭本佳和
　二　ドイツ経営組織論の潮流と二つの組織概念　　　　　　　　　　丹沢安治
　三　ヴェーバー官僚制論再考　　　　　　　　　　　　　　　　　　小阪隆秀
　　　——ポスト官僚制組織概念と組織人の自由——

四　組織の概念——アメリカにおける学史的変遷——　　　　　　　　　中　條　秀　治
　五　実証的戦略研究の組織観　　　　　　　　　　　　　　　　　　　沼　上　　　幹
　　　　——日本企業の実証研究を中心として——
　六　ステークホルダー論の組織観　　　　　　　　　　　　　　　　　藤　井　一　弘
　七　組織学習論の組織観の変遷と展望　　　　　　　　　　　　　　　安　藤　史　江
Ⅲ　論　攷
　八　「組織と組織成員の関係」概念の変遷と課題　　　　　　　　　　聞　間　　　理
　九　制度的企業家のディスコース　　　　　　　　　　　　　　　　　松　嶋　　　登
　十　キャリア開発における動機づけの有効性　　　　　　　　　　　　チン・トウイ・フン
　　　　——デシの内発的動機づけ理論の検討を中心に——
　十一　一九九〇年代以降のドイツ経営経済学の新たな展開　　　　　　清　水　一　之
　　　　——ピコーの所説に依拠して——
　十二　ドイツ経営管理論におけるシステム・アプローチの展開　　　　柴　田　　　明
　　　　——ザンクト・ガレン学派とミュンヘン学派の議論から——
　十三　フランス中小企業研究の潮流　　　　　　　　　　　　　　　　山　口　隆　之
　　　　——管理学的中小企業研究の発展——
Ⅳ　文　献

危機の時代の経営と経営学　第十八輯

●主要目次
Ⅰ　趣旨説明——危機の時代の経営および経営学　　　　　　　　第六期運営委員会
Ⅱ　危機の時代の経営と経営学
　一　危機の時代の経営と経営学　　　　　　　　　　　　　　　　　　髙　橋　由　明
　　　　——経済・産業政策と経営学史から学ぶ
　二　両大戦間の危機とドイツ経営学　　　　　　　　　　　　　　　　海道ノブチカ
　三　世界恐慌とアメリカ経営学　　　　　　　　　　　　　　　　　　丸　山　祐　一
　四　社会的市場経済体制とドイツ経営経済学の展開　　　　　　　　　風　間　信　隆
　　　　——市場性・経済性志向と社会性・人間性志向との間の揺らぎ——
　五　戦後日本企業の競争力と日本の経営学　　　　　　　　　　　　　林　　　正　樹
　六　グローバル時代における経営学批判原理の複合　　　　　　　　　高　橋　公　夫
　　　　——「断絶の時代」を超えて——
　七　危機の時代と経営学の再展開——現代経営学の課題——　　　　　片　岡　信　之
Ⅲ　論　攷
　八　行動理論的経営学から神経科学的経営学へ　　　　　　　　　　　梶　脇　裕　二
　　　　——シャンツ理論の新たな展開——

九　経営税務論と企業者職能——投資決定に関する考察——　　　関野　　賢
　十　ドイツ経営経済学の発展と企業倫理の展開　　　　　　　　山口　尚美
　　　　——シュタインマン学派の企業倫理学を中心として——
Ⅳ　文　献

経営学の思想と方法　第十九輯
●主要目次
Ⅰ　趣旨説明——経営学の思想と方法　　　　　　　　　　　　第6期運営委員会
Ⅱ　経営学の思想と方法
　1　経営学の思想と方法　　　　　　　　　　　　　　　　　吉原　正彦
　2　経営学が構築してきた経営の世界　　　　　　　　　　　上林　憲雄
　　　　——社会科学としての経営学とその危機——
　3　現代経営学の思想的諸相　　　　　　　　　　　　　　　稲村　　毅
　　　　——モダンとポストモダンの視点から——
　4　科学と哲学の綜合学としての経営学　　　　　　　　　　菊澤　研宗
　5　行為哲学としての経営学の方法　　　　　　　　　　　　庭本　佳和
Ⅲ　論　攷
　6　日本における経営学の思想と方法　　　　　　　　　　　三戸　　公
　7　組織の自律性と秩序形成の原理　　　　　　　　　　　　髙木　孝紀
　8　HRM研究における研究成果の有用性を巡る一考察　　　　 櫻井　雅充
　　　　——プラグマティズムの真理観を手掛かりにして——
　9　起業を成功させるための起業環境分析　　　　　　　　　大久保康彦
　　　　——モデルの構築と事例研究——
　10　「実践の科学」としての経営学　　　　　　　　　　　　桑田耕太郎
　　　　——バーナードとサイモンの対比を通じて——
　11　アクション・サイエンスの発展とその意義　　　　　　　平澤　　哲
　　　　——経営現象の予測・解釈・批判を超えて——
　12　マズローの思想と方法　　　　　　　　　　　　　　　　山下　　剛
Ⅳ　文　献

経営学の貢献と反省——二十一世紀を見据えて——　第二十輯
●主要目次
Ⅰ　趣旨説明——経営学の貢献と反省——21世紀を見据えて　　第7期運営委員会
Ⅱ　経営学の貢献と反省——21世紀を見据えて

1	日本における経営学の貢献と反省——21世紀を見据えて——	三戸	公
2	企業理論の発展と21世紀の経営学	勝部	伸夫
3	企業の責任化の動向と文明社会の行方	岩田	浩
4	産業経営論議の百年——貢献,限界と課題——	宗像	正幸
5	東京電力・福島第一原発事故と経営学・経営史学の課題	橘川	武郎
6	マネジメント思想における「個人と組織」の物語り ——「個人と組織」の20世紀から「関係性」の21世紀へ——	三井	泉
7	経営学史における組織と時間 ——組織の発展と個人の満足——	村田	晴夫

Ⅲ 論 攷

8	現代企業史とチャンドラー学説 ——その今日的意義と限界——	澤田	浩二
9	v. ヴェルダーの管理組織論 ——組織理論的な観点と法的な観点からの考察——	岡本	丈彦
10	組織社会化研究の新展開 ——組織における自己の記述形式を巡って——	福本	俊樹

Ⅳ 文 献